SITAK GROUP

SITAK GROUP
SITAK GROUP
SITAK GROUP
SITAK GROUP
SITAK GROUP
SITAK GROUP

名人傳記叢書

吳大猷傳

賴樹明◎著

希代書版有限公司／發行

吳大猷傳

作　　者：賴樹明
發 行 人：朱寶龍
行政總編輯：徐肖男
執行主編：周景音
出 版 者：希代書版有限公司／出版／發行
社　　址：台北市民生東路3段113巷25弄29號1F
聯絡地址：台北市內湖區新明路174巷15號10F
電　　話：7911197・7918621
電　　傳：出版部／編輯部　7955824
　　　　　營業部／發行部　7955825
郵　　撥：0017944-1
排　　版：陽明電腦排版股份有限公司
　　　　　電話／(02)5363181　傳眞／(02)5367810
中華民國81年9月第1版第1刷
行政院新聞局局版臺業字第0779號
本公司法律顧問：梁開天律師
　　　　　　　　蕭雄淋律師
　　　　　　　　李永然律師
（本書遇有缺頁、破損倒裝請寄回更換）

ISBN 957-544-250-4

一個好的科學家，要能不斷的開闢研究範圍，「基礎訓練」、「天資」與「毅力」三者缺一不可。

引言

八十五歲了，曾有人稱他是「中國物理學之父」，也有人稱他是「科學怪老子」，更有人比喻他是「老頑童」，但不管別人給他什麼雅號，他始終是位忠實於學術界的老前輩。

數十年來，他秉持著以科學爲職志的崇高理想，不管對學術、研究、教學，甚至對國家社會的建言，他都付出最大的誠心和努力，而這也正如他所說：「二十多年來，不管或多或少，我可以說對得起這

一代或下一代學子了。」

吳大猷一生熱愛物理，他的點點滴滴甚至離不開物理，在他所寫的七冊文選中，更不時提到當前科學改進方向，有人說，他熱愛科學，就像熱愛自己生命般的重要，這點可從他以一個八十幾歲年紀還不時參與諸多科學活動看出。

序

吳大猷

數月前，賴樹明先生來訪，直言想爲我作傳。吾與賴先生從未相識，其專攻者爲教育而非科學，故此議殊爲突兀。但他是好意，不好辜負他，只好將二十多年前所寫的「回憶」（聯經出版）和近年的「文集」（遠流出版）等給他參閱。

賴先生寫作，顯然很勤快；幾個月後即將稿子排版給我看。我細讀一遍，關於「事實」與「經歷」的敍述部分，都是根據我的「回憶

」和「文集」各冊；其有關我對社會、教育、時事等各種問題的見解、建議等，亦出自「文集」中的各文。故來源都是「第一手」資料，沒有「傳聞」不實的缺點。我讀後覺得頗爲「放心」。

許多年來，曾有友輩建議我寫一自傳，我始終未加考慮，原因是：㈠我的一生中，大部分精力、時間是在「學」、「教」、「研究」上，近二十餘年都用在台灣「科學發展」和中央研究院上，生活和工作都簡單，無足作傳，㈡在許多短文中，片斷的我已寫過我的求學、教學、在台工作的經歷了，沒有再寫自傳的需要，㈢實在亦沒有時間和心情去寫沒有大意義的自傳。現在賴先生之作，可以說代我做了一項工作；如我將自己的經歷（「回憶」和「文集」）「濃縮」成書，大致亦將約略如是了。

本書不盡如我意的，是沒有在我的「本行」工作——物理學——上，作稍多的提及。我在物理學上雖沒有很大的成就，但它是我生命

的一大部分，這本「傳」似未將我一生全面記錄下來。賴先生不諳物理或科學，這個「欠缺」，是可理解的。

我在讀雷射稿時，曾很不客氣的作了許多刪改。書中未免仍有一些作者或引用他人的誇譽之詞；究竟這本書不是我親自寫的，我總不能不讓作者從他們的觀點寫下不同的看法。

吳大猷識于八十一年九月

授權書

「吳大猷」一書，業經本人同意、授權賴樹明先生整理、執筆，其全部文字資料與照片，亦經本人授權刊登，並交由「希代書版有限公司」出版發行。

本書業經本人校閱、修改無誤，特此聲明。

授權人：吳大猷

中華民國八十一年九月十四日

自序

賴樹明

三、四年前，我在英國大英百科圖書館曾看過吳大猷先生的書，當時我對他的印象並不深刻，潛意識裏只知道他是位國際知名度頗高的中國科學家。

回台灣教學之後，才得知他在中央研究院任職院長。民國八十年，來自德國法蘭克福大學的教授，也是作者在澳洲求學的恩師赫尼斯博士來台訪問，作者面告有意爲吳大猷先生寫傳，並將計畫供其參閱

，赫尼斯先生頗爲贊同，且有意將此書翻譯成英、德、日、法及義大利等文。

這項計畫起初只是我個人的想法，並未獲得吳大猷先生的同意，於是我於今年四月初親自至科導會拜訪吳先生，同時也獲得他的首肯，而其中有關資料、相片的提供也都經過吳大猷先生的授權和同意，文字部分也經由吳先生親自校閱和刪改，內容皆是真實的寫照，絕無任何虛構。

作者在撰寫本書時，由於內容的需要，特經由吳先生的同意參考由「遠流出版公司」所出版的「吳大猷文選」（共七冊：《博士方塊》、《人文、社會、科技》、《教育問題》、《科學與科學發展》、《八十述懷》、《在台工作回憶》、《我的一生：學、研、教、建言》）及「聯經出版公司」的「回憶」一書等，在此由衷的向「遠流出版公司」及「聯經出版公司」表示感謝之意。

「吳大猷傳」乙書是描繪吳大猷先生一生經歷的忠實紀錄，希望能藉由吳先生的奮鬥歷程，幫助讀者增加對國家社會的共識。另外在書中也提到吳大猷許多有趣的小故事，由這些小故事，讓我們體會到吳先生一生中點點滴滴的經歷，同時也讓我們看到一個科學家奇特的軼事，或許能從他個人的人生觀中，看出他親切、可愛及爲人尊敬的一面。

作者一九九二年九月　于台北松山寓所

目錄

【目錄】

目錄

生平簡介

吳大猷於一九〇七年九月二十九日誕生在
廣州，其世代皆爲書香門第……

第一章　生平簡介

曾經有人問我：「『大猷』的意思是大計畫，這個名字是哪位長輩取的？其命意和走上科學研究之路有何關聯？」其實那是家譜、排字輩的關係。我那一輩是「大」字輩，名字是我祖父在我出生前就定好了。

家世

吳大猷於一九○七年九月二十九日誕生於廣州。其世代皆爲書香

門第，祖父吳桂丹是清朝的進士、翰林院編修，處事精明能幹，爲人踏實且平易近人，其所學甚廣，嫻詞章，工書法，尤其擅爲行楷，當時清廷的禮部左侍郎李文田稱他爲「時賢第一」，後來名氣遠播到京師，清廷因其謀國忠誠，特地封他爲「記名御史」。

吳桂丹生於咸豐五年，世居廣東省肇慶府治高要縣的水坑鄉，其祖父名爲鳳鳴，父親福年、叔叔雲屏，皆爲地方上的名望之家。八歲時父親去世，母親陳氏是位賢慧之婦，平時除了教他讀書外，還得認識事理；而吳桂丹從小亦是侍母至孝。

年齡稍大後，由於叔叔在廣州經商，他便往廣州就學。光緒乙卯五年，他參加廣州鄉試，名中舉人。癸未九年，母親因病過世，吳桂丹悲慟不已，每天早上都到墓前哭泣，鄉人無不感動，他的孝行也因此傳遍鄉里。

清光緒己丑十五年，吳桂丹北上京師會試，並高中入選爲清廷第

一百零五科第二甲第四十名進士，優任翰林院庶常館庶吉士（翰林謂爲清貴之官）。光緒二十年，中日甲午戰爭開火，返回高要縣原籍家居，並與故里官拜翰林的陳伯陶共策辦理團練，共赴國難。

到了光緒己亥二十五年夏天，正逢國事多難之秋，清廷總理衙門的各大臣竟然在不肖官吏的慫恿下，咨文給廣東兩廣總督衙門酌量採行解除賭禁，吳桂丹深知廣東人嗜賭，日後違害地方甚大，於是聯合同僚致書廣東總督譚鍾麟，賭風才逐漸被禁止，可謂爲地方立下一大功德，至今仍爲後人所感念。

吳桂丹雖然不是諫官，但他極熱中於國事，不時請人代替向朝廷建言，對國事大計可說有相當的貢獻，只可惜積勞成疾病逝於京師官邸，享年才四十八歲。

吳桂丹生前育有子女十人，長男遠基、次男國基、長女翊珊、三男（夭折）、四男綿基、二女敏珊、五男配基、三女敏墀、四女阿良

（夭折）、幼女慕墀，男女各五人。其中國基爲光緒辛丑二十七年併行庚子鄉試的恩科舉人，嘗出使菲律賓，爲吳大猷的父親。

五歲喪父

吳大猷五歲喪父，母親關嘉娥，廣東開平人，外祖父關以鏞，於前清時期官至貴州省按察使歸隱。大猷之母把全部的心力都放在他身上，平時除了教導他讀書之外，在做人處事方面，她更以身作則，而吳大猷也就在這種教育之下成爲一個既守規矩又孝順的孩子。

「說話坦率、獨立自主，從不倚靠別人。」這是吳大猷從小就培養起來的個性。他曾在所著的「八十述懷」一書中說：「我記得十幾歲離家北上天津時，母親叮嚀：『所有的襪子、手帕、襯衫、內褲，都要自己洗，不要給洗衣房洗……』母親是怕洗衣房將衣物和別人的

混在一起洗，不乾淨。從那時開始，經過留學、留居國外，這個習慣我還保留著。今天在台，有時仍自洗手帕、內褲、襪子等。此外，我從母親那兒得到最好的教導和最深的影響，則是多爲人著想，不要使人爲難或不好意思。」

由這段話了解，吳大猷至今雖然已年居八十五，但他的生活方式仍深受小時候母親觀念的影響，甚至性向和脾氣亦不例外。

無師自通的學會刻圖章

小時候的吳大猷由於受到學校和家庭的影響，個性相當內向，與同伴在一起遊玩的機會較少，十歲左右，吳大猷看見幾位姑母在畫畫，自己也在旁學習，放學回家，每天須路過「雙門底」大街，那附近有許多賣圖章的商店，於是他便學習刻圖章。到了十二歲時，他不但

學會刻石章，而且也會畫畫和書法，於是自己也買了一部六通書。至於書法方面則學習柳公權的玄祕塔。至今，年紀雖大，但仍相當喜愛書法，在他八十歲生日時，大陸的堂妹及幼時同學還特地輾轉帶來三盒大大小小的毛筆、一條好墨、兩塊端硯，還有一方印章，這些故鄉的珍品，也不免讓這位離鄉數十年的遊子再度憶起童稚時的情誼，而最難能可貴的是，這份情誼卻能在相隔海峽兩岸中綿延七十年之久，真令人爲之感動！

算術成績最差

吳大猷七歲在天津讀了一年的初小，八歲遷回廣州的番禺縣立兩等學校就讀，這所小學相當守舊，所用的教材也都是古文。他在此讀完初小，後升高小。在高小階段，他曾默記了不少古文，印象中較深

刻的如木蘭辭、進學解及滕王閣序等，這些舊式的古文體對小時候的吳大猷而言，似乎沒有特殊的啓發和影響，甚至迄今他還坦然的說：「雖然我默記了不少古文，但是對文學的欣賞，毫無助益。」

吳大猷小時候也讀了不少舊式小說，他十歲開始讀這些舊式小說。他看過「粉粧樓」、「説岳全傳」、「隋唐演義」、「説唐全傳」、「三國演義」、「封神榜」、「西遊記」、「水滸傳」、「濟公傳」等，這些小說當中，他最喜愛「三國演義」，至今他仍在睡前常常翻閱，儘管這本書已陪他度過幾十年的歲月，不過在他不時將它打開來看時，還寫了不少眉批，找出不少錯誤和疑點，他自稱這是他的消遣和娛樂之一。

至於其他小說，他只愛看偵探小說，尤其是謀殺偵探小說，據他說近十幾年來自己已沒耐心，往往看到幾十頁後就想知道結局，所以常迫不及待的翻閱書末十幾頁，等知道兇手是誰後，便不看了。

平時以研究物理爲樂的吳大猷，雖然他謙虛的自稱自己對詩詞一竅不通，也缺乏文藝、美術細胞，不過由他所發表的諸多文章看來，這份謙虛似乎已成爲人們對他敬愛的更加肯定。

在一般人的想像裏，一個讀理工科的學生從小在數理方面的成績應該不錯，不過他卻自稱算術是他小學時期成績最差的一科。在他所著的「回憶」一書中就寫道：「在高小的成績最劣的是算術。四則題完全不懂，教師教的，一點影子都沒有……。成績好的課目是修身、歷史、地理、圖畫。成績平平的是國文、英文、唱歌、體操。」

不愛運動、愛音樂

吳大猷的母親觀念保守，並不鼓勵孩子運動；在學校打球，她認爲是種「玩」，所以他在童年時期的唯一運動便是步行於上、下學的

途中，直到他離家人，就讀於南開中學愛上網球後，才有屬於自己喜愛的運動。

小時候內向且不愛運動的吳大猷，卻對音樂有種特殊的偏好，雖然他連五線譜都看不懂，但是其熱愛音樂的程度，並不亞於一般熟悉音樂的人。

提到他喜愛音樂的由來，自稱是在十幾歲唸中學時培養的，當時他還爲了欣賞小提琴演奏，忍痛買下不少昂貴的唱片，其中他最欣賞的是克萊斯勒的作品（克萊斯勒是本世紀初幾個年代最受喜愛的演奏家），因爲他認爲克萊斯勒的演奏不造作，完成出自於一種自然的美，這種欣賞訴求也正符合吳大猷一生平易不造作的性格。

除了音樂外，吳大猷對平劇也有興趣，過去在抗戰前曾先後在北平和天津住了十三年，再加上中學和大學期間受到同學的影響，雖然他自稱對平劇是外行，不過他喜愛平劇的那份執著，就有如他念舊於

北平的往事一樣。

祖父吳桂丹（1855～1902），清朝進士、翰林院編修。

祖母何氏

外祖父關以鏞（1853～1923）民國十年攝於廣州。

祖母與父吳國基合影。

父吳國基（于吳大猷五歲時逝世）。

母關嘉娥。

父吳國基與友人（右起第二人為吳國基）

母關嘉娥（攝於民國十年左右）。

吳大猷兩歲時的照片。

吳大猷兩歲左右的照片

吴大猷三歲左右的照片。

吴大猷

吳大猷與母親合攝于廣州（民國五年左右）。

青少年時期

進入廣府中學就讀後，吳大猷的成績一直都是名列前茅……

第二章　青少年時期

中學時期的最重要收穫，便是能讓自己在不知不覺中對學問產生興趣，因爲當時沒有如目前學校、家長的壓力，讀書的原動力完全是出自於自己。

不密封的考卷

吳大猷從番禺縣立高等小學畢業後即考上廣府中學，這所學校相當守舊，考試卷不僅不密封，而且須在考卷上寫下三代祖宗的名字，

回顧當時的情形，他坦然的說：「我相信若不是我祖父曾是翰林院編修，父親是舉人，也許我也考不上。」

進入廣府中學就讀後，吳大猷的成績一直都是名列前茅，第一學期期末考，成績名列全班第二，一學年期末考則得到第一。不過求知慾極强的吳大猷卻覺得所學有限，在民國十年的夏天，正好伯父遠基應聘至天津擔任廣東旅津中學的校長，吳大猷便隨堂兄弟大業、大任和大立抵達天津，在二姑丈黃振華的族弟黃肇年和表兄梁景瑔（黃、梁二人皆南開大學學生）的陪同下投考南開中學，結果在試插舊班二年級時未被錄取，遂從一年級讀起。

回顧剛進入南開中學時，讓他印象最深的是一位教地理的鄭老師，在他所著的「回憶」一書中，曾對鄭老師有這麼一段描述：「教地理的鄭先生，大家都稱他爲：『鄭老頭』，常講笑話……。月考時有學生偷看書，鄭先生是心軟和善的，只伸隻手來拿書，不說別的話，那

學生還按著書，叫『先生，太難啦！』」

與南開結緣

吳大猷轉入南開中學後的第二年，學校便由舊制改爲初中高中三年制，他也因而升爲初三，當時南開中學在天津是一所頗具規模的學府，教師在教學方面也很講究創新，例如數學的代數、幾何是用英文的教科書，英文讀本也採用英文名著摘要的短篇文章，這些訓練對吳大猷而言，可說是種新的嘗試。

到了高一時，所學的科目有化學、世界地理、世界歷史等。高中二、三年級時，數學程度也延伸到三角函數、解析幾何及微積分等，而這些課程都是用英文課本，其難度可想而知。

另外在文科方面，除了英文外，學生升上高二也必須選修第二國

語文，讀文科就選習法文、理科則是德文，當時教吳大猷德文的是位姓崔的老師，他的教學方式很守舊，平時除了練習寫字、背誦和抄寫故事外，偶爾也叫學生訓練自己翻譯的能力，而吳大猷的德文基礎也就是在當時奠定的，雖然至今他已經年居八十五，可是他仍然可以用老式的德文字體默寫一篇故事。

吳大猷自進了南開中學後，他對運動也慢慢產生了興趣，尤其是網球。當時的南開中學上體育課是必須穿制服、紮綁腿，上兵式操練的，而每到冬天天津就下雪，而學校又沒有體育館，往往一堂體育課下來，手腳及耳朵都被凍僵，穿起皮鞋或脫下皮鞋都會痛苦不堪。當時他與一同在南開求學的三位堂兄弟，爲了節省家裏開支，四個人只買了一雙足球鞋，兩人踢球時，一個穿左腳，一個穿右腳，一到冬天其滋味就更不好受了。

南開的生活

考進南開中學後，吳大猷和三位堂兄弟就搬入校舍內住，而湊巧的是四個人都住在同一房間（第三齋）。當時南開中學的學生宿舍並不大，兩邊各有兩張床，中間有四張書桌是供讀書用的，其餘剩下的些許空間，只夠用來放置衣箱、書箱，盥洗用具則放在床下。

南開宿舍管理的甚嚴，每天吃完晚飯後，從七點到九點半的時間，每個人都須在宿舍內自習，齋務課的先生（即爲宿舍管理員）不時會在走廊上巡視，若發現房內有人談話，立刻會在玻璃門上輕輕敲擊以示警告。十點爲就寢時間，直到早上七點起床。

學校除了重視學生的功課外，平時的生活管理也不馬虎，每週齋務課的先生都會組隊到各宿舍巡視，若發現某位學生內務髒亂便給予

警告，乾淨整齊者則會在該週的評分表格上蓋上「美」字，一學期若能達到百分之九十以上的「美」，學校便會給該房間的每位學生一個獎，不過真正能得這項榮譽的學生並不多。

南開在華北是一所頗具聲譽的私立中學，學費並不便宜，吳大猷和三位堂兄弟每人一年的學費（包括學費、伙食費、住宿費和零用錢）須花上兩百元，其中每月的伙食費爲五元（當時稱大洋），以當時的社會而言，這等的花費並不是每個家庭所能負擔得起的。雖然伙食費相當的昂貴，但是吃得還不是很好，六人爲一桌，每桌四碟菜，而肉是切成薄薄的幾片鋪在菜上，另外筷子只有四雙，六個人卻只能用四雙筷子，其中兩個人只好拿著公共匙羹來舀菜，每每一遇到油滑的菜類，那可就須費把勁了。

雖然南開的學費很貴，但仍吸引不少人前往就讀，在抗戰期間，中學男生部的學生有一千人左右，女生部也有數百人，大學部只有三

百人，以當時這種規模來看，全國也只有幾所。南開能享此盛名，一方面是南開出了不少人才，再加上校長張伯苓治校嚴謹，當時許多名人也都曾在南開作過演講，諸如汪精衛、美國駐華大使杜里舒、高斯、蔣廷黻、李濟等人。

南開大學與張伯苓

南開大學創立於民國八年，當時是由嚴範孫、范靜生及張伯苓等三人共同籌辦的，校舍位在南開中學旁的一座樓房裏，民國十三年才遷入八里台，這些土地是由購售、租賃和捐贈而來，大約七百餘畝，在抗戰前夕建有思源堂、秀山堂、芝琴樓、木齋圖書館、男生宿舍大樓兩棟，校園不大，但景色及建築頗爲優美壯觀。

民國二十六年盧溝橋事變，由於日本人一向視南開爲抗日中心，

常意圖將之從地面上「滅跡」，因而在七月二十九日瘋狂的對南開大學作低空轟炸，除了思源堂（科學館）及教員住宅倖免一難外，其餘的建築物皆夷爲平地。張伯苓校長頗有遠見，於民國廿五年在重慶沙坪壩建立南開中學分校，稱之爲「南渝中學」；抗戰興起，南開大學便奉教育部命令，與北京大學、清華大學先遷長沙，後來再遷昆明，組成國立西南聯合大學，成爲抗戰期間，我國的學術重鎮之一。

民國三十四年抗戰勝利，三十五年南開大學在天津的八里台復校，並由私立改爲國立。中共佔據大陸後，南開大爲擴張，過去的「南開大學」，至今已完全改觀了。

「南開」是我國教育史上罕見的創校奇例，它由家塾、中學、大學、女中、小學而至抗戰時的分校，其艱辛的過程中，張伯苓校長扮演著極爲重要的角色，而他奉獻於南開五十年的心血，也正是南開歷史的寫照。

草創之期的南開大學，從民國八年至十八年期間，可說是段最艱困的時期，當時的學生由數十人直升到二、三百人，並陸續設立文、理、商三科，後來在民國十八年奉教育部之命，才從「科」改爲「院」，而每系的教授只有二至三人，助教一至三人，不過南開的教授對學生要求甚嚴，每堂課都有習題，例如星期一所規定要做的習題，學生必須在星期三交給老師，而教授則會在星期五授課時批改完畢；另外物理課的實驗，都須作詳細的報告，可說一點也不能馬虎，這種嚴格的訓練方式，即是南開培育出不少人才的原因。就如民國三十七年中央研究院舉行第一屆院士選舉，被提名的候選人有四百餘人，經評鑑會審定候選人一百五十人，最後選出八十一位，這八十一位中，南開的師生就有九人，分別爲：吳大猷（物理）、饒毓泰（物理）、陳省身（數學）、姜立夫（數學）、殷宏章（生物）、湯用彤（哲學）、李濟（人類考古）、蕭公權（政治）、陶孟和（社會）。後來政府

遷台後，錢思亮（化學）、蔣廷黻（歷史）、何廉（經濟）、梅貽琦（教育）等院士，也都是出自於南開的師生，其中吳大猷和錢思亮是中央研究院六任院長中，出自於南開的兩位。

幼年時的堂兄弟（左起吳大猷與弟吳大任、吳大業兩兄弟合影）。

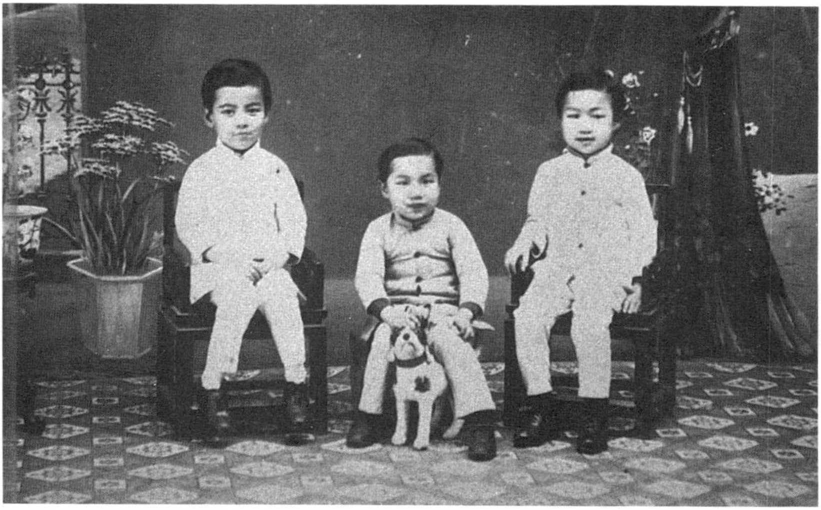

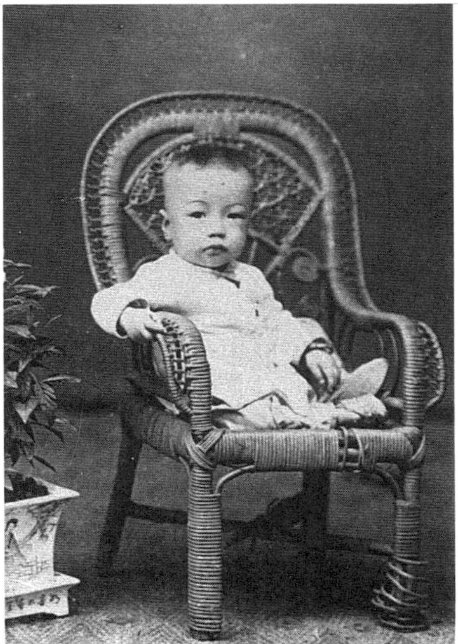

堂弟吳大立

一九二一年寒假，即為南開中學時期（與堂兄弟合攝於宣武門外永光寺西街六號順德會館。（左起為大任、大猷、大業、大立）。

無悔的選擇——物理

我習物理是興趣，不是爲了功名……

第三章　無悔的選擇——物理

一個好的科學家，要能不斷的開闢研究範圍，「基礎訓練」、「天資」與「毅力」三者缺一不可。我習物理是興趣，不是爲了功名。

考入礦科轉物理

一九二五年（民國十四年）春天，吳大猷以高二的學歷去投考南開大學的礦科，結果以優異的成績被錄取。其中成績最好的是英文、數學及化學，物理和國文的成績則平平。

當時礦科一年級的課程很繁重，所學的科目有微積分（姜立夫）、英文、物理（饒毓泰）、礦物學（曹勝之）、化學定性分析（邱宗岳）、測量學、工程繪圖（沈老師）、岩石學（曹勝之）和各課的實驗。

吳大猷在第一年的成績，只有物理得到+B，其他科目的成績都是A。回憶當時，他坦率的說：「第一學年初，我對物理還未入門，所以初次月考只得到C的成績，後來逐漸開竅了，我對物理也愈來愈有興趣，成績也變得比以前好。……至於我爲何會選擇礦科，主要原因是以爲實用的科系易於謀事，同時自己也認爲天資有限。」

不過可惜的是，他進入礦科的第二年，由於捐資礦科的李祖紳先生事業不順，以至於被迫停辦，若再繼續學習礦科，所能轉學的學校也只有北洋大學，吳大猷考慮到第一年成績優異，如留在校，可獲免繳學宿費的獎學金，因此毅然決定留校改習物理。

習物理的毅力

改入物理系後，升爲二年級，所習英文、國文、高等微積分、初等力學、電磁學、電磁度量、近代物理、定量化學分析、氣象學等課目做深入的研讀外，平時也從外文書籍中得到不少相關的知識，尤其有關論述近代物理學所用的教材"J. A. Growther"一書，也對初期學習物理的吳大猷有很大的影響，另外在第二學年的暑假，他將十九、二十世紀間的愛爾蘭物理學家所著，有關於解釋波爾（Bohr）理論的著作 Sir Oliver Lodge 的"The Atom"（原子）一書翻譯成中文。

到了三年級，由於成績優異，吳大猷在實驗課兼助教，每週一個下午，每月十五元，有了錢後，他便向東京丸善株式會社函購物理學方面的書籍，其中以 A. Sommerfeld 所著的"Atombau und Spektr-

allinien”（原子結構及其光譜）和其英文譯本影響最大，而Sommerfeld氏所著的該書在二〇年代被稱之爲近代物理的聖經，他一方面精研內容，一方面學習德文，並從中揣摩古典力學在原子理論中的應用，對他日後研究古典力學可說有相當大的助益。

除此之外，吳大猷所學習的分子運動論，由美國 Loeb 新著所獲良多。台灣大學物理系鄭伯昆教授說：「學好物理的人，一半是靠努力，一半是天分，我認爲吳先生就兼備這兩種條件。」而事實上，吳大猷就在二、三年級時，已經開始自行研讀有關物理學方面的書籍，並翻譯出不少外來的書籍了，諸如 M. Planck 氏所著“Vorlesungen über die Theorie der wärmestrahlung”（熱輻射論）由德文譯成英文，不過，翻譯到一半，經物理指導老師饒毓泰告之已有英譯本後才停下來。

全力投入研究

中央研究院物理研究所林爾康教授說：「一個成功的物理學家，就是要不斷的研究，而吳先生就是例子。」在三年級的那年，吳大猷和楊景才、龔祖瑛、沈士駿幾位同學以Sommerfeld氏所著的「原子結構及其光譜線」德文版和英譯本對照的讀，並輪流寫報告。回顧當時做研究的情形，吳大猷說：「當時所唸的是相對論，由於範圍甚廣，自己若能領悟一些東西出來，那就很高興了。」

「要懂得更多的知識，就得靠自己去摸索。」這是愛因斯坦的一句名言，也是吳大猷做學問的態度。在當時，他了解到中國科學的資訊還很落伍，要學好物理就必須獲得更多外國物理學家的研究經驗，因此在學習分子運動論和熱力學方面，很欣賞Planck和G. N. Hin-

shelwood 氏的書，電磁學則用 J. H. Jeans 的書，四年級時便自行摸索讀期刊中介紹量子力學的文章。姜立夫教授所教的近代代數對他也有深鉅的影響，班上的五個門生中，陳省身後來成了舉世知名的數學大師。

吳大猷在南開大學四年的耕耘總算獲得成果。一九二九年（民國十八年），他畢業的那年，物理系的饒毓泰教授因獲中基會研究獎助金，赴德國研究「鹼金屬原子之Stark 效應」，陳禮教授也辭去校職從事工業工作，所以校方就請吳大猷執教近代物理和力學二課程，而他也藉著教書期間自修古典力學、熱力學和量子論。

吳大猷的南開恩師饒毓泰

吳大猷自稱一生中對他影響最大的老師有兩位，一位是他在南開

大學教他物理的饒毓泰先生，一位是在美國密西根大學習物理時的系主任 Randall 先生。

在他的印象裏，曾對恩師饒毓泰教授有這樣的回憶：「饒先生，表面上看起來很嚴肅，但心地善良，程度好、造詣高，中、英、法、德文都極好，但是口才則平平。」

饒毓泰這位擁有美國普林斯頓大學物理學博士學位的物理學家，在吳大猷南開大學四年中，曾教授其電磁學、物理、近代物理、高等力學、光學、氣體運動論和高等電磁學等課程，平時他對學生要求甚嚴，例如星期一的習題務必在星期三上課前交齊，所有的實驗或研究報告都要寫一篇類似於論文的文章，如此繁重的課業壓力，吳大猷曾在一篇「我在大學求學經歷」的文章說：「我在大學時，星期六、星期日是用功的日子，差不多沒有什麼社團活動，只有些校內和校際的比賽和地區的運動。」

饒毓泰教授與吳大猷的關係，由師生而成爲好友。一九三九年吳大猷寫了一本有關多原分子之結構及其振動光譜的專書（英文），就是饒毓泰教授爲他校對的。一九四四年，美國國務院聘請饒教授前去美國訪問，饒教授並先後在麻省理工學院、普林斯頓及俄亥俄大學從事分子紅外光譜的研究實驗，閒暇之餘將法國科學家迪布洛依（L. de Broglie）一本書的英譯手稿寄給吳大猷，可惜後來在輾轉中遺失了。

饒毓泰教授對吳大猷早期在南開大學時已相當器重，一九二九年他到德國時，仍以吳的進修爲念，因此與清華大學葉企孫教授聯合推薦他到中華教育文化基金董事會，使吳獲得補助研究獎金赴美國密西根大學深造。

至今吳大猷仍然很懷念饒老師。在他的「八十述懷」文選中，就有這樣兩段動人的話：「二十七年夏我由成都至昆明，思可稍減饒師

孤寂，饒師幾每日皆至我家晚飯。二十九年夏，饒師與我家皆避居昆明近郊之崗頭村，各居一斗室，隔一半截土牆而已。回憶自拜饒師至其去世之四十二年中，我得隨其左右者，有南開四年、北大三年、西南聯大約六年。抗戰後，饒師在大陸，我先後在加拿大和美國，只敢偶函報近況，四十九年冬，我在瑞士時偶郵寄小包食品，後又郵呈與日本物理學者大村充合著之《散射量子理論》一書，及稍後之《氣體及電離子之運動方程式》一書。前者乃獻給饒師的。」

結識學妹阮冠世

「我們自南開初識，至她病逝於美國加州，這五十二年的歲月，係我生命中的一極長且極重要的部分。」提到往事，吳大猷禁不住的道出心中對愛妻的感念。

一九二八年（民國十七年）的冬天，當時吳大猷是四年級，阮冠世（浙江省餘姚縣人，爲前浙江省民政廳長阮毅成的堂妹）則是剛進入南開大學的新生，由於當時校風純樸，加上兩人從未謀面，因此直到隔年春天一次同學的團聚中才逐漸相識。後來，吳大猷畢業後留校執教，並對向來身體不佳的阮冠世照顧有加。對於這段初戀史，在他所寫的文選中就有這樣一句感人的話：「冠世求學之志甚强，而身體不勝。我乃時以牛肉汁等飭人送至伊（指阮冠世）宿舍。」

一九三一年，阮冠世獲得紐約州 Elmira College 女子大學獎學金，和吳大猷赴美深造，翌年轉入密西根大學工程學系，畢業後於一九三五年秋天返國，與吳大猷在北京大學結婚，當時的證婚人是北京大學校長蔣夢麟。

不過求學毅力甚堅的阮冠世並不因結了婚而放棄攻讀碩、博士的目標，俟葆之漸大，她又於一九五九年重復研習，並取得加拿大渥太

華大學化工碩士，於一九七〇年得到紐約州立大學生物物理學哲學博士。兒子葆之是吳大猷堂弟（大立）夫婦所給予的，他獲得美國普林斯頓大學生物化學博士學位。

回想初到美國的艱辛情形，至今吳大猷還記憶猶新的説：「當時剛到美國即逢『九一八』事變爆發，我的中基會研究獎助費，除自己外，還供給在另一所學校的阮冠世。我爲了賺十五塊，竟然一連三天没睡覺；當時有一個單位，接受委託工程研究，限期到了，需要請人趕工，每天晚上八時開始工作，一分鐘也不停的做到次日清晨六點，來不及休息，即又到物理系的暑期研討會聽講，下午回住處，當時天氣熱不可當，實無法睡覺，天黑了又回到實驗室工作，如是一連三天，整個身體近乎癱瘓，可是我卻覺得很有意思，因爲這些錢是我自己努力掙來的！」

1929年夏吳大猷自天津南開大學畢業，由津返粵，與母親合影於肇慶。

1930年，南開大學理科師生合照，時執教近代物理學和力學二課程。

與師饒毓泰（樹人）、鄭華熾攝于北平（民國廿六年三月）。饒毓泰為影響吳大猷最大的兩位老師之一。時吳大猷任教於北大。

1936 年九月六日吳大猷與阮冠世結婚。

吳大猷之結婚照，伴郎爲鄭華熾，伴娘爲阮冠羣。

留學期間

Ranall這位近代物理大師，對吳大猷的影響不僅是物理學上的研究，其行爲思想上的觀念也大略相似……

第四章　留學期間

求學問最高的境界，是在於應用和名利無關，完全是爲興趣。到此境界，唸書也就欲罷不能、樂在其中。若將目標放在功利上，以功利爲出發點，其心態是不健康的，尤其出國留學。

改變一生的抉擇——密西根大學

一九三一年，在饒毓泰和葉企孫兩位教授的推薦下，吳大猷獲得中華文化基金會乙種研究獎助學金，起初因爲饒毓泰教授在德國，故

原擬計畫是去德國，後來恐怕語言上有困難而改去美國，在多所學校中選了學費低廉的密西根大學（每學年約美金一百元），他對這個選擇，從不後悔。

當時密西根大學是研究紅外分子光譜的鼻祖，不僅是一九二〇年代至一九三〇年代上半期是物理研究的主流，而且學校的教授，也都是國際知名的物理學家。諸如教導原子光譜實驗的有 R. A. Sawyer，理論方面有 S. A. Goudsmit、O. Laporte。紅外分子光譜實驗有 H. M. Randall、E. F. Barker，理論有 D. M. Dennison、W. F. Colby；另外理論物理有 G. E. Uhlenbeck，實驗方面有 O. S. Duffendack 等。除此之外，密西根大學的物理系每年都有一個暑期研討會，來自各地的物理學家都會列席參加。如此重視物理發展的密西根大學，對吳大猷來說，可謂是很好的選擇。

與Randall教授學紅外光譜

一九三一年的九月，吳大猷到密大報到後，隨即去見負責指導初級研究生的Sawyer教授，他看到吳大猷在南開的成績單後，便叫他去見指導高級研究生的Colby教授，Colby再叫他去見系主任Randall，從此之後，Randall便成了影響吳大猷一生最重要的兩位老師之一。

吳大猷初次見到Ranall時，他已經在一次車禍中受了傷，不僅手腳反應不自然，而且也得了輕微的耳聾，不過他對物理研究的執著卻始終不受影響，到了一九四一年退休後，他仍繼續在實驗室內做實驗，直到他九十多歲走完人生旅程爲止。

這位近代物理大師對吳大猷的影響不僅是物理學上的研究，其行

爲思想上的觀念也大略相似，就如吳大猷在他所寫的「回憶」一書中說：「我知道的認識的物理學家及其他的科學家不少，但未更見有爲人簡樸誠實……。十餘年來我在台灣的發展科學工作中，對若干事的政策及對學術之支持態度，可追源於他的影響，但我常犯的直言之病，則非由他學來的。」

吳大猷跟隨 Randall 從事紅外光譜工作後，並進一步想找出某數原子的紅外光譜線，而當時 Randall 教授的實驗室內，有他學生 John Strong 所製的兼用稜柱及光柵的紅外光譜儀和用溴化鉀稜柱的自動記錄紅外光譜儀，這些儀器隨後也給吳大猷帶來了莫大的實驗啓示。

後來他便在紅外光譜儀上做了改進，起初他發現一個直的狹縫的影像是彎的，對於分光儀的鑑別率會減低，於是他發明了一套彎形的狹縫，產生直的影像，大大的增加鑑別率，後來製造自動記錄紅外光

譜的 Perkin-Elmer 公司便開始使用彎的狹縫，只可惜當時的吳大猷不知道要去申請專利。

兩年分別取得碩士、博士

一九三二年，吳大猷修完二十四個學分，順利取得碩士學位，這段期間先後還不到一年（一九三一年九月中到美國，一九三二年六月獲碩士）。一九三二年的暑期，吳大猷開始攻讀熱力學、分子光譜，並分別從 Heisenberg 及 Breit 兩位物理大師學習量子力學與量子色散論，後來再跟隨教導量子力學的 Goudsmit 教授做博士論文，不過當中仍以教原子光譜理論的 Laporte 教授影響較深。在其「回憶」一書中說：「我在這課下的工夫，使『原子結構』成爲我懂得最清楚的一部門物理，影響我後來的工作甚大。」也因爲吳大猷對原子光譜理論

的專精，在第二學期的期末系上成績評分中，Laporte 教授給吳大猷的評語是 an excellent youug Man（優秀的年輕人）。

在密大表現傑出的吳大猷，到了第二年便參加一個碰撞理論的討論班，同時每週在物理系內做兩個小時的助教，並幫助任教紅外分子光譜的 Barker 做二氧化碳的紅外吸收光譜及金星的光譜比較，而在此期間，他也利用暑期學校所舉辦的研討會，分別請教當時在紅外分子光譜研究上有傑出表現的物理學家，諸如迪拉克（Dirac）、費米（Fermii）、海森堡（Heisenberg）等大師演講。

一九三三年的春天，吳大猷開始發表論文，首先是有關於鈾原子之5f電子能態及鈾原子是否可能爲一串十四個原子研究，這個當時還未被發現的問題，後來在二次大戰時鈽等原子的發現及 Maria Goeppert-Mayer 的計算方式，卻佔了相當重要的地位。

一九三三年六月，吳大猷再以「電勢與原子光譜的問題」的論文

取得博士學位，同時被選爲 ρhi βeta κappa 和 Thomas-Fermi Sigma Xi 的名譽學會會員，並在同年再獲得中基會研究獎金繼續留校研究。

然而，事實上吳大猷在從事物理教學或研究上，所受的影響和獲益最多的應該是來自於在密大教他迪拉克電子相對論方程式及統計力學的 Uhlen beck 教授。後來吳大猷返校擔任訪問教授，又適逢同時在普林斯頓研究院從事研究，這段期間，吳大猷對其治學態度深表欽佩，無形中成爲他日後學習的標竿。

吳大猷對西博格的影響

一九三三年，也就是距離西博格發現超鈾元素前的十八年，當時吳大猷正在密西根大學攻讀博士，他以錒系元素的探討作爲博士學位

的研究題目，而錒系元素這一族中只被人發現少數錒系元素，當時的科學界未有人探索這個問題。吳大猷是提出「鈾元素之後是否有一系列十四個化學性質相同的元素存在的問題」的理論，且以理論計算作推斷，因爲當時没有電腦的輔助，加上所涉及的理論複雜，所以計算甚爲困難。

到了一九五一年，西博格博士卻因發現九種以上的超鈾元素而獲得諾貝爾化學獎，但令人感到意外和興奮的是，當年西博格所做的研究，卻是吳大猷早年曾研究的問題。

民國七十八年的十二月，當西博格到我國訪問，初次在餐敍上見到吳大猷時，西博格高興的說：「當年能獲得諾貝爾獎，應該歸功於你的論文。」

然而回顧十餘年前那種艱困的環境裏，若不是科技上的落伍，或許吳大猷早已獲得此獎，雖然時勢如此，但也因爲吳大猷的精心探索

，而使得後繼者在錒系元素的研究上有了心得，這也就是爲何有人尊稱吳爲「錒系元素研究的先驅者」的原因。

美國密西根大學同學合照，攝于民國 22 年前後。前排右起第一人即吳大猷。

1932 年夏，密西根大學之暑期研討會，與會者前排右起①丁樹寶；③系主任 Randall；④Heisenberg；⑤Goudsmit；⑦Breit；Dennison；第二排左起，③吳大猷；⑥Barker；第四排右起第三人著黑上衣者為 Sutherland。

吳大猷與妻阮冠世合影於密西根大學大禮堂前（1933 年，6 月）

吳大猷取得博士學位，攝於密西根大學禮堂前（1933年，6月）

返國執教

一九三四年夏，吳大猷應北京大學之聘回國執教……

第五章　返國執教

「一生從來没有離開過學校生活，好像一條河，順水下來……。二十餘年來，他可大言不慚的說對得起這一代和下一代的台灣學生、雖然他自謙自己在研究上停住了，但他所奉獻的心血卻比研究還來得有意義……」

任教北京大學

一九三四年夏，吳大猷應北京大學之聘回國執教，並開始在北大

從事原子分子光譜研究。

當時北京大學的教授並不多，物理系的教授也只有饒毓泰、朱物華、周同慶、張宗蠡、副教授龍際雲。研究設備則更少，吳大猷進入北大後，隨即由 Johns Hopkins 大學買來一具 Rowland 光柵，再向密西根大學訂製石英水銀燈、氦輻射燈和德國製的一座 Steinheil 光譜儀等。

北大物理系有了如此革新後，吳大猷積極的從事理論及實驗的工作，同時教授古典力學、量子力學及理論物理等課程。在北大教授的第三年裏，他所發表有關原子的電子親和性、氦原子的雙激起態、自離化，引入原子激起態的電子親和性的觀念等方面的論文，陸續刊載於國內、美國、英國的期刊上，共約十五篇之多，爲我國在國際間的科學地位開啓一扇大門。

一九三五年，也就是吳大猷回國任教的第二年，當時曾被密大物

理系邀請做暑期授課的物理大師 Dirac，也到北平演講相對論之電子論、一九三六年密大 Colby 教授遊華、一九三七年當代的物理學家 Bohr 專訪北平，並到北大及清華演講原子核集體模型理論及量子力學的哲學觀點等。

一九三〇年代的前數年，是我國物理學研究工作的萌芽時期。北平研究院物理研究所，北京大學及清華大學陸續培育出不少物理界的人才。吳大猷在北大所教的學生中，後來出國習物理有成的有馬仕俊、郭永懷、馬大猷、虞福春等人。

最愛的都市——北平

至今已經年屆八十五歲的吳大猷，一生跑過不少地方，也看過許多漂亮的城市，但出自於他口中的最愛城市竟是北平。

「北平是名副其實的一座文化城，論氣派，其他地方儘管比它富裕，但還是比不上北平。在那裏有許多回憶、朋友、學生及學校，不過至今都已經變了！」吳大猷坦率的道出心中對北平的懷念。

儘管那裏的人、事已變，但他對北平的那份情感卻始終如一，在他的印象裏還不時提到北平的民情普遍厚道、有禮貌、樸實，不論城裏或郊外，各地空氣清新、景色宜人，隨處可玩、可看，不像台灣到處人擠人。

其實若說吳大猷喜愛北平，倒不如說他喜愛北平的那段記憶，今年五月他到大陸參加學術會議，並重遊將近相隔半世紀未見的北海公園，他看到碧波盪漾的湖水和瓊島上隨風飄拂的絕勝煙柳，不禁喃喃自語的說：「傍晚時分，夕陽西下。幾十年沒來過了，這種感受真好……。」事實上，北海公園是吳大猷在北平期間最常來的地方。

除了重遊北海公園和天壇，香山，吳大猷也見了許多昔日的舊友

，在他的印象裏，北平似乎沒什麼改變，唯一的感慨便是歲月的無情。他說：「四十六年沒回去了，看看別人，想想自己，啊！都已經老了，一想，很多過去的回憶便會再浮現眼前。」

抗戰開始

一九三七年的夏天，日本發動盧溝橋事變，當時吳大猷是住在北平的西長安街南的「法憲胡同」，七月八日的清晨，間斷的機關槍聲劃破了市街上的寧靜。

原以爲只是普通打靶的吳大猷，並沒有發覺北平市內有任何異樣，一大早仍約好饒毓泰教授（當時北大物理系的系主任）、鄭華熾（北大物理系教授）、樊逵羽（北大教務長）教授一起到西山郊遊，可是在下午返家入西直門時看見大批的軍隊，才知道發生盧溝橋事變。

在事局緊急的情況下，友人勸吳大猷到天津避難，原先他並無此意，後來因爲考慮到母親的安危，所以在倉卒中和母親，夫人只攜帶幾個小提包，由北平乘火車到天津租界裏的二姑丈姑母家暫住下來。

吳大猷在天津住到九月，戰爭在上海展開，政府顧慮到一天沒教育不行，於是通告北大、清華及南開三所大學的師生立即集中長沙。吳大猷因爲局勢前途未卜，所以將母親及夫人阮冠世留在天津，自己向姑母及她家的女僕借了七百元，便乘船南下。

任教四川大學講座

吳大猷離開天津，便搭乘一艘約二千噸的小船，船內和他同房的有饒毓泰教授夫婦，朱自清（清大中文系教授）和黃子卿（清大化學系教授）等人。

這艘船原定是計畫由天津到香港，再從香港到廣州，然後乘粵漢鐵路到長沙，不過因船內多人都苦於暈船，所以在青島決定棄船登陸，但令吳意外的是，在另一艘由天津到青島的船中竟發現了阮冠世也在其中，吳大猷此時雖表驚訝，但對夫人的不放心而決冒險南下，內心感動不已。

抵達長沙後，由於當時是抗戰時期，各個車站都有士兵駐守檢查行李，吳大猷因攜帶數張公債而鬧了一點小插曲，當時因債券紙張特殊，見過的人並不多，而檢查的士兵也從未見過，因此猶豫了很久無法處理，吳大猷此時靈機一動，馬上指著公債券上的國父相片說：「上面有國父相片，難道會有問題嗎？」檢查的士兵認爲這話有道理，立刻給予放行。

北大、清華和南開三校師生陸續抵達長沙後，立即在聖經學校成立臨時大學，而吳大猷夫婦碰巧也遇到以前在密西根大學的同學夏先

生，夏即請吳大猷夫婦到城中他的寓所暫住。

然而無情的戰火已開始蔓延，長沙的空襲警報頻繁，每遇警報就得躲入沙包堆成的洞裏，當時阮冠世的身體仍不佳，如此緊張的生活，對她而言無非是種壓力，經過饒毓泰先生的相勸，接受當時中英庚款董事會在雲南和四川大學所設的講座，吳大猷夫婦便在十一月初抵達四川大學，當時隨行的有北大助教江安才。

四川在當時被稱爲後方，雖然有空襲，但生活並不像長沙過得那麼緊張，到了成都後，吳大猷夫婦先在四川家畜保育所的熊大仕夫婦家暫住，後來才在少城娘娘廟街找到一所半洋式的新房子，居住問題才告解決。

當時接受四川大學講座的有吳大猷、蕭公權（清華政治系教授）、張洪沅（南開化工系教授）等三人，他們的薪資都比四川大學的教授爲高，以致引起該會對講座薪資起了異議，當時的川大校長張頤也

一再向董事會提出說明，認爲三人都是知名人士，不該以「救濟」性質相待，該會才同意以原校薪資發給。但吳大猷早已萌生去意，一九三八年的夏天再隨饒毓泰教授至昆明，「回」到西南聯合大學。

任教西南聯大

抵達設在昆明的西南聯合大學後（北大、清華及南開三所大學所組成的大學），當時的饒毓泰教授因夫人剛剛過世，再加上日機整日轟炸，情緒一時極爲低落，他的學生如鄭華熾、鄭昕、劉晉年（皆爲西南聯大教授）等人，爲了替老師解憂，常陪他到吳大猷住處晚飯，偶爾陪他玩玩四圈至八圈，饒毓泰年紀大了，仍然童心未泯，輸了無所謂，贏了便手舞足蹈。吳大猷本身對這些玩藝兒沒有興趣，所以大都是由夫人相陪，而饒教授在弟子陪戲下，心情至少可得一時的開朗

。

到了同年的冬天，吳大猷夫婦遷入北倉坡螺萃山莊住，當時的內政部次長張維翰就住樓上，毛子水先生住樓下，每天饒毓泰和毛子水都會來和吳大猷夫婦共餐，餐後饒的諸弟子及毛子水就陪饒作四至八圈，生活相當快活，後來毛子水也因而成了吳大猷的好友。

一九三九年的冬天，吳大猷夫婦由北倉坡遷至西倉坡的若園巷，這棟房子是當時內政部長周鍾嶽的住宅，周的媳婦是吳大猷在密大同學袁丕濟的姪女，可算是種巧遇，回顧當時，吳大猷還開玩笑的說：「我們由次長的房子遷到部長的房子，也算是升遷吧！」

搬入新家後，吳大猷的好友陳省身、陳雪屏和劉晉年每週末都會來玩橋牌，吳大猷本身不喜愛這些玩藝，只在旁作陪，後來湯佩松先生帶來清華的隊伍與他們作所謂的 duplicate 橋戰，輸的一隊就請客，結果老是吳大猷的朋友這一方獲勝，而每次吃一頓飯下來，吳大猷

和陳省身的體重都會增加不少，因爲餐後所剩下的菜都是他們兩人一掃而光，所以當時有人說吳大猷講課時，總是將肚子放在桌上，由此可見當時的「窈窕」。

毛子水

吳大猷初識毛子水是在一九三八年執教於西南聯大時。此人博學多才，畢業於北大數學系，後來到德國留學治文史，政府遷台後，又任教台大中文系，七十六年榮獲行政院文化獎，爲我國最高的學術獎。

毛子水比吳大猷的老師饒毓泰小一、二歲，所以吳大猷夫婦平時尊稱他爲「毛公」，並視其爲老師般的尊敬。

毛子水爲人通達、不屑名利，尊敬、欣賞學術，不過他卻有個獨

特的「衛生癖」，平時飯前必須用開水沖洗碗筷，洗臉也要用一大壺開水來洗，當時吳大猷和鄭華熾總是不停的和他開玩笑。有一天，吳大猷發現毛子水房內的牆壁上懸掛著一幅對聯！「浮生看物變，亂世想英才」，吳大猷就向毛子水建議應將「英才」改爲「ㄚ頭」，而向來不拘小節的毛子水卻毫不在意的哈哈大笑，直說：「小孩子愛開玩笑！」

抗戰勝利後，民國三十五年春天，毛子水隨北大返回北平，吳大猷則於當年的初夏去英轉美，一別十年。民國四十五年的冬天才在台北的溫州街相見。民國五十六年後，吳大猷每年來台，兩人才再相聚，而每逢毛子水生日，吳大猷必前往祝壽，相對的若逢吳大猷生日，蔣彥士、閻振興也必邀毛子水餐聚，這段由昆明延續到台灣的深厚感情，對十分念舊的吳大猷來說，是最快樂的回憶。

享譽國際的第一本專著

一九三八年的冬天，北京大學爲慶祝四十週年，邀請學校的教授撰寫論文，當時的吳大猷決定以「多原分子之振動光譜及其結構」做爲專論（後來編册成書），但沒想到此一專書出版後，立即獲得許多國際知名科學家的讚譽，並視其爲該方面的權威之作。

「出書容易，寫書難」。一九三九年的春天，吳大猷在當時艱困的環境下順利的完成此書，前後時間還不到一年，書是在上海排版，同年的夏天，饒毓泰教授到上海看他女兒，順便替吳校對此書，回顧當時，吳帶著感激的語氣說：「饒師是第一個從頭到尾讀完這本書的人。」

一九四〇年初，書在上海印好後，吳大猷便贈送給國外十餘位從

事此項工作的學者。E. U. Condon 教授兼一家物理叢書的編輯，看到這本書的內容精闢，便建議吳將此書列入他主編的叢書裏，經過吳大猷和北大協商後，才同意此事，可是後來珍珠港戰事爆發後，在上海刊印的書，不能再寄美，故美國的另一家書局將此書翻印出版了。

這本書享譽國際後，吳大猷同時也成爲國際知名的物理學家，一九三九年中央研究院爲表揚他對我國科學著作的貢獻，特地頒予他文江獎金，一九四三年再獲教育部科學研究著作一等獎。

除此之外，吳大猷也因此書而結交了不少國際知名的物理學家。一九六七年吳大猷任職科導會時，美國總統詹森的科學顧問 Hornig 博士在 Blair House（小白宮）款宴吳大猷，當時座中有我國駐美大使周書楷，其餘爲美國政府的有關科技首長。Hornig 突然向吳大猷自稱是他的學生。他說在抗戰期間曾在哈佛的 E. Bright Wilson, Jr. 處讀過這本書。

一九七四年在土耳其所舉行的國際科學聯合會總會第十五居會員大會，吳大猷代表中央研究院出席，該會前任會長與國際純粹及應用化學聯合會會長兼牛津大學教授 Sir H. W. Thompson 見到吳大猷，高興的說：「你就是大猷吳！你的書甚好，現仍在我書架上，你們開了路，我們後來便容易了。」此人後來也曾在吳大猷的邀請下來華訪問。另外，該「總會」的科學教育委員會主席印度的物理學家 Bhagavantum 博士也在會中見到吳大猷說：「你就是大猷吳！我還有你的書……。」吳大猷自稱，在以前沒有見過面的物理學家，自出了書後，竟然使自己成爲他們三十年後的意外知音。

躲警報的痛苦

自西南聯大遷至昆明後，日本認爲中國的精英都集中於此，因此

在一九四〇年的秋天便大肆轟炸昆明，當時西南聯大是在西門外，爲了躲警報，學校都將所有的課排在早上七點到十點，下午四點到七點。吳大猷夫婦當時是住在崗頭村，步行到學校需要一個小時，所以每天必須早上五點起床，走到學校約六點左右，若在路上遇到警報，便得立刻轉回崗頭村躲避，這種長途跋涉對當時的吳大猷來講，可是有點吃不消。回顧過去那段日子，吳大猷記憶猶新的說：「走這段路，累了不說，皮鞋走在石子路上，一天來回要十公里，幾天下來，鞋底都被磨破了，有時還得躲躲走走。那時我有一條黃卡幾布的褲子，膝蓋因經常擦破而補了一塊大膏藥般的縫布，不過以當時的環境，也沒有人會覺得奇怪……」

日軍轟炸昆明，就連吳大猷的住處也無法倖免。有一天，吳大猷理完髮，順路到鄭華熾的住處用餐後，原本打算回家睡個大覺，但沒想到走到西倉坡附近，剛好遇見江安才（北大助教）帶著一位工友挑

著東西驚慌逃來，查問後才知道周部長的房子被炸，總共中了四顆小炸彈，所有的東西都被埋在泥堆裏，而吳大猷所囤積在缸裏的兩袋洋麵粉也難逃一劫，雖瓦缸沒被炸破，可是麵粉已摻雜了不少玻璃碎片和泥土，節儉的吳大猷夫婦便細心的用水沖去雜物，然後做成麵筋吃。

一九四〇年秋冬，日本空襲昆明更加頻繁，學校爲顧慮全體師生們的安全，特地將一年級及部分教師疏散到四川的敍永，當時吳大猷因不授一年級課程，加上夫人阮冠世生病不宜長途跋涉，所以只好留居昆明。

關心戰時的科技發展

西南聯大在民國二十七年春成立於昆明後，物理系的教授是由三

校所組成，其分別有北大的饒毓泰、吳大猷、朱物華、鄭華熾、馬仕俊。清華有葉企孫、周培源、吳有訓、趙忠堯、王竹溪、霍秉權。南開有張文裕、許貞陽。在師資的陣容上堪稱是學有專長的精英，但令人遺憾的是當時因經費和設備的缺乏，一切研究工作都無法順利進行。

抗戰初期，吳大猷當初的構想是應該爲全面抗戰做準備，節省一切開支，研究工作可以戰後再做。可是戰爭一直持續不斷，爲了培養國家科技人才和維持從事研究工作者的精神，他便非正式的向北大當局提起向清華借款來做研究的建議，可是後來也不了了之。

吳大猷的建議沒有結果後，他深感「求人不如求己」，於是他便藉著在抗戰初起由北大帶出來的分光儀（三稜柱），然後請了由美回昆的學生馬大猷帶回一具低壓汞弧燈，再找一位助教幫忙，就這樣便在北大租來的一所泥牆泥地裏做起「拉曼效應」的光譜研究，後來趙

忠堯也使用北平帶出來的五十毫克的鐳作了些人工（中子）放射性原素實驗，但所得的結果都不是極爲重要的研究課題。

當年西南聯大的物理系每個年級只有一班，每班大約三、四十個人，學生大都是由淪陷區來的，他們的膳雜費全由政府負擔，住宿則在學校的泥牆草頂的宿舍，生活環境確是「克難」。

吳大猷共在西南聯大教了八年，所教過的科目有電磁學、近代物理、量子力學及古典力學等，後來在這方面出了不少人才，諸如一九三八年在上量子力學時，旁聽的有林家翹、胡寧（物理學者）。一九四一年教授古典力學、量子力學，班上優秀的學生有楊振寧、黃昆、張守廉、黃授書及李蔭遠等人，吳大猷稱他們這羣學生爲「羣英會」。

李政道和楊振寧

吳大猷一生培育出不少著名的物理學家，其中令他最爲傲的是李政道和楊振寧兩位得意門生。

他記得一九五七年的冬天，當楊振寧和李政道由廣播聽到獲得諾貝爾獎時，兩人不約而同的寫信給他，楊振寧在信中寫道：「所從事的研究工作，包括得獎的研究工作，都與對稱性有關，可以追源至一九四一年吳老師的指導論文……。」

雖然從西南聯大至今已經相隔四十餘年，但楊振寧對於恩師的教導之情，仍始終耿耿於懷，在前幾年他所出版的六十歲論文中，更不時提及過去的往事，他還追憶在一九四二年的春天，當時是經由吳老師介紹他進入對稱律和羣論領域，如今才有此成就。

在吳大猷執教西南聯大時，楊振寧就是一位極出類拔萃的學生，當時在古典力學課學期結束時，吳大猷擬了十幾個不同的論文題目，楊振寧所選的是以羣論討論多原分子之振動，這篇論文後來對他在研究上有重大的影響。

至於李政道，則是在一九四五年的春天他拿了一封介紹信，信便是一九三一年吳大猷到密西根大學遇見的友人梁大鵬寫的，梁大鵬本身不習物理，但他對李政道的天資頗爲欣賞，因此介紹李至昆明見吳。

李政道原本是在宜山的浙江大學讀了一年，後來日軍攻進宜山，他去重慶，而他的姑姑認識梁大鵬，所以梁大鵬介紹李政道到昆明找吳大猷。不過當時正逢是學年的中間，没有經過考試不能轉學，吳大猷便和西南聯大教二年級的物理及數學教授商量，若他隨班聽講考試合格，則等到暑假正式轉入二年級時，可免他學習這些課程。可是這

種方式只是吳大猷的構想，實際上並未經過學校的承認許可。

李政道進入西南聯大習物理後，不僅輕易的應付課程，還經常跑到吳大猷住處自動要求給他更多的習題和閱讀課本，對於李政道這種求學精神，吳至今仍記憶猶新的說：「他的求知心切，真到了奇怪的程度。」「我無論給他什麼難的書和題目，他很快的做完了，又來索更多的。我由他做問題的步驟，很容易發現他的思想敏捷，大異尋常。」

後來當時的軍政部長陳誠和次長俞大維爲了商談軍政部計畫國防科技的建立，特地約晤吳大猷和數學教授華羅庚。吳大猷認爲一切科學計畫應從基礎做起，所以建議選派優秀年輕科學人才出國進修，當時吳大猷的擬議經過陳、俞兩人考慮後認爲可行，隨即命令吳大猷和華羅庚負責物理和數學兩部門，吳大猷後來在推選出國習物理者中，李政道便是其中之一。

吳大猷一生並不隨便誇獎別人，不過對其兩名愛徒，他在「回憶」一書中這麼寫道：「近年來，李、楊成就卓然，國人常提及二人爲我的學生，並以李與我的機遇傳爲美談。實則我不過適逢其會，在那時地遇上他們而已。譬如兩粒鑽石，不管放在哪裏，終還是鑽石……。」

患難中的眞情和壓力

抗戰期間在昆明的那段日子對吳大猷來說，除了生活艱困外，夫人病情的不穩定更是他心中最大的壓力。

一九四二年的春天，日軍大舉攻佔緬甸，昆明同時也陷入緊張和貧困。隔年春天的一個下午，吳大猷由崗頭村搭乘一輛馬車回西南聯大上課，不料在下坡時，馬忽然驚跳起來，瞬間將坐在車尾的吳大猷

拋置車下，由於腦部重擊到車子，立即昏倒在路側，醒來後才勉強步行回崗頭村，後來經過診斷爲後腦受震，數日間，連水都無法下嚥。

然而禍不單行的是，吳大猷病情好轉後，接著阮冠世也隨即病倒。原本身體已經很虛弱的阮冠世，也在經常發燒、心跳和有時咯血的病情惡化下，住進了醫院。

寂寥的病房，面對醫生眼中「束手無策」的病人，吳大猷不停的忙於幫阮冠世換衣、烘乾汗濕的衣服、餵牛奶、榨橙子汁、數脈搏，自己充當「特別護士」，而當時他心中最渴望的是有朋友來和他聊天。回想那段煎熬的日子，吳大猷感慨的說：「我想我可以了解坐牢的滋味。但是單是坐牢還較好些，因爲坐牢不一定有一個病危的親人在旁邊。」

這樣的情形就持續了將近三個月之久。在昆明的幾年中，爲了「逃避」如此的精神壓力，他寫了一本討論一部門物理近年發展的專書

，十七篇的研究論文，從德文將Wigner關於羣論的書譯成英文。一九四四年初，阮冠世的病情好轉後出院遷回崗頭村，爲了付清醫藥費出院，他便將少許的金鐲、戒指變賣。

吳大猷平時是個相當勤儉刻苦的讀書人，當年他爲了使阮冠世生活過得好一點，曾在她病倒前，買了兩隻小豬（後來死了一隻，只剩一隻），吳大猷對這隻小豬照料有加，每天黃昏就親自趕牠入豬房，洗滌豬糞，一切都是自己動手做，希望養大了可賺些小錢。在戰事末期，女傭辭去後，買菜煮飯也都是他自己來，他常將菜籃和秤一起帶去上課，等下了課再買菜回家。有一天他好不容易買了兩條鯽魚，拿回來正在缸裏沖洗，入房後不到幾秒鐘，出來時已見到一隻烏鴉銜著一條魚飛上屋頂，在當時艱困的生活環境來說，這種損失可說是相當大的。

擺地攤

一九四五年（民國三十四年）日本投降前，那段時間是國人最艱困的時期，當時物價上漲，許多同仁只要一領到月薪，就馬上拿去買些能保存持久的東西，而來自其他省分的外地人也開始籌措旅費，準備返鄉復員的工作，而吳大猷夫婦便到街上擺地攤，在「回憶」一書中就這樣提到：「我可能是教授中最先擺地攤的。冠世一件短皮褂賣給一個賣油條的，他說拿去改件馬褂穿。抗戰初年，託人由香港帶來的較好的東西，陸續的都賣了出去。」

一九四六年的春天，吳大猷夫婦便從昆明搬到重慶的中央研究院的辦事處住，由於環境不佳，每到晚上就有臭蟲和大老鼠干擾，不過到了重慶住了一個多月後，阮冠世的病情也稍加好轉，後來他們再由

重慶搭機回北平。

同年的夏天，吳大猷應軍政部的借聘，出國研習考察，並計畫籌設科學研究機構，當時的教育部長兼中央研究院代理院長朱家驊也藉機囑咐他到英倫，代表中央研究院參加英國皇家學會補行之慶祝牛頓誕生三百年紀念，但沒想到此行卻成了十餘年流居海外的開始。

1992年吳大猷重返北京，攝于北京天壇迴聲橋，隨側有李政道夫婦。

攝于北京香山臥佛寺之大鐘前 。
（ 1992 年 ）

攝于北平北海肪膳，一旁爲身著前朝服飾之女侍 。
（ 1992 年 ）

與毛子水先生合影于美國西雅圖（1960 年）

1987 年 4 月 11 日，毛子水先生九十五歲壽誕，友輩
在自由之家聚餐。

海外的執教生涯

吳大猷雖然身處異鄉，仍一心想回國服務……

第六章　海外的執教生涯

不管在國內或國外，對於作學問特別是科學，深厚的根基是第一要項，愈深愈廣愈好，最重要是要養成客觀、分析、質疑的態度和習慣。

赴美任務

一九四六年夏天，吳大猷受朱家驊之命代表教育部及中央研究院赴英國參加倫敦皇家學會補行之慶祝牛頓三百週年紀念大會後，九月抵達美國，隨即向美國原子能委員會委員 R. F. Bacher（吳大猷在密

大的校友）探詢有關協助我國建立研究機構的可能性，並陸續將建議和報告寄回軍政部（旋改組爲國防部），可是當時因戰況緊急，政府未能顧及到長期性科技發展的計畫，後來雖成立了「原子能委會」，但始終都沒有任何建樹。

事隔不久，中央研究院又派趙忠堯先生至加州理工學院訂購一些設備，吳大猷漸知軍政部付予的任務，實已無疾而終。因此，他便於一九四六年秋天返回母校密西根大學任訪問教授，並開始從事核子物理（高能質子中子之散射理論）的工作。

應邀執教哥大

一生沒有離開過學校，教書做研究似乎已成爲他一生中的最愛。一九四七年秋天，哥倫比亞大學邀請吳大猷至該校從事實驗研究工作

。因吳所持乃爲官員護照，不能受酬，哥大教授 Rabi 乃與美國駐加拿大 Montred 領事館安排，使吳去加拿大重新簽證入境。

剛開始吳大猷只從事原子射束的工作，後來再費了一年多的時間將 Rabi 初期的實驗設備重新裝置，但是因爲所花費的時間過長，又不合經濟效率，因此決定將實驗儀器讓兩位研究生用來工作，自己則轉回理論物理方面研究。

吳大猷在哥大的兩年研究工作上，除了專研核子力之介子論外，同時也先後教授研究生的近代物理及理論物理，並指導一研究生作有關大氣中氧分子原子的分佈平衡問題的博士論文，當時在他班上的學生中還有穿著上校軍服的軍官，可見戰後物理乃一熱門科學，受到普遍的重視。

兩年的教書研究，雖然沒有見過中國學生，但卻遇到了當時在物理界頗負盛名，且在哥大從事研究工作的吳健雄女士，由於兩人都姓

吳，在電訊的傳遞上還出了不少糗事。有一天，有人打電話找吳博士，電話卻傳給了吳大猷，等吳大猷拿起電話時，對方聽見是男音，久久不說話，後來才說要找Mrs. 吳。又有一次，別人寄信給吳健雄，但信封的名字卻寫吳大猷，等吳大猷把信拆開後才發現信是寫給吳健雄的。

一九四八年春天，吳大猷被選爲第一屆中央研究院的院士。隔年秋天原是預計回國的，但是大陸情勢已變，又適加拿大國家研究院極力邀請他主持理論物理組，在考量下，吳便辭去哥大的工作，暫至加拿大等候時局安定再返國，可是沒想到一去便停留了十四載，成了他在國外學術研究最長的一段時間。

入加拿大國家研究院

加拿大國家研究院是加拿大政府最高科學研究兼行政機構，其地位與們的中央研究院相似，而任職於此機構的人，都享有高於政府一般機構的待遇，所以吳大猷能爲其聘，自然是種無上的榮耀。

該院的院長 MckenZie 和副院長 Stacie 都是著名的化學家，頗具有遠見。爲了增强基礎科學部門，他們將百餘名的空名額改爲國際性的短期博士後研究，以藉此廣攬世界各國的科學人才。而當時物理所的所長 G. HerZberg 認爲要强化物理所就必須先强化學者的研究陣容，因此特地邀請吳大猷主持理論物理組。

當時理論物理組先後有英、美、瑞士、比利時、加拿大、義大利、印度及日本等國數十位「博士後」物理學者參與，吳大猷也邀請馬仕俊及胡寧兩位物理學家來此研究。馬仕俊是吳在一九三四年回國執教於北大四年級時的學生，後來在英國劍橋大學獲博士學位，返國在昆明西南聯大任教，抗戰後，在美國普林斯頓高級研究院做研究，是

位國際知名的物理學者。

加拿大國家研究院是個相當重視科技研究發展的機構，每週都有討論會，而在會中都會請一些知名的物理學家來參與，諸如Lennard-Jones、Chandrasekhar、Casimir、Chadwick、S. Chapman、Pauling、Townes、Kirkwood、Kuiper、Gamow、Ramsey、Mott、Krishnan、Kubo和湯川秀樹等人，當中湯川秀樹還和吳大猷有段歷史美談。

早年吳大猷任教於西南聯大時，曾經讀過湯川的同事荒木教授的幾篇有關原子問題的文章，其中數學部分是對的，但物理方面，吳大猷則發現是錯的。湯川于一九四九年應聘哥倫比亞大學，吳和湯川談及荒木論文的事，湯川以爲問題頗爲重要，於是吳寫了一篇短文透過湯川轉交給荒木。可是荒木起初並不以爲然，但經過吳大猷一再的申述，且荒木本人再做過多次研究後，終於承認其錯誤，並爲文更正。

後來在一九五六年，吳大猷路過日本京都，湯川設宴款待吳，荒木及 Kobayashi 兩位教授作陪，隨後荒木並特地充當導遊陪吳氏一家逛遊京都。

迪瑞克和吳大猷的一段往事

吳大猷和迪瑞克在過去數十年中曾多次相見和相處，但時間並不是很長，在吳大猷的印象裏，他是位沉默寡言的物理學家。

此人於一九〇二年出生於英國，並於一九二三年至二六年間在劍橋大學隨佛勒（R. H. Fowler）教授做研究，後來再與法國的德布羅衣、德國的海森白、波恩、奧國的薛略丁格等物理界名師，於一九二四年至二七年間，獨立異途的創建近代物理的新體系——量子力學。一九二七年，迪瑞克再由多粒子的量子態函數的對稱性，提出所謂的

「費米——迪瑞克統計」。此外，爲避免量子電動力學中的不收斂困難，他又提出 Indefinite Metric 理論，一九三三年他和薛略丁格共獲該年的諾貝爾獎。

吳大猷和迪瑞克間的相見和相處該是從一九三五年他被邀在北平做演講開始，當時吳還特地跑去聽講，後來陸續在一九四八年的哥倫比亞大學聽講「單磁極」，一九五六年吳在加拿大國家科學研究院爲迪氏舉辦爲時一週的物理研討會，只可惜他在由印度到加拿大西岸途中患了黃膽病，以致無法赴會。會後，吳再邀請迪氏至研究院，爲期三個月，迪氏在盛暑中參與物理組的討論會。

除了上述幾次短暫的相聚外，最長的一次是一九五八年秋至翌年春，兩人同時在普林斯頓高等研究院的那段時間，當時吳還經常邀他到住處吃中國飯、下圍棋，而迪瑞克對中國菜有份偏愛，有時食量出乎意料的驚人，連吳大猷及楊振寧都爲之驚歎。

迪瑞克在多人場合向來是沉默寡言，他經常一個人坐在辦公室內沉思或在黑板上做計算，若遇到熟人常會閒聊一些帶有科學智慧謎的問題，另外他還有個拿長柄斧砍樹的「怪僻」，偶爾他會邀吳大猷陪他到院後樹林砍樹，但是從未用過斧頭的吳大猷卻每次揮斧都落在不同處，而他則是斧斧命中。回憶當時的情形，吳大猷幽默的說：「玩這種『遊戲』不是小孩子，而都是上了年紀的物理學家呢！」

初次來台任教

民國四十五年十一月，吳大猷應胡適之先生的邀請，就中基會講座，由加拿大赴台，在台灣大學及梅月涵先生爲清華復校所成立的原子科學研究所講授古典力學、量子力學及流體力學等課程。

當時爲迎合教學所需，台大物理系四年級和清華研究生皆合併在

台大上課，而吳大猷為了提高學生對物理的興趣和求知慾，凡一切講義都由自己編寫（英文），然後再請校外的一位遠戚打字印發，從開始授講到隔年的四月止，中經寒假、新年皆未中斷，而為時五個月的講課中，學生卻未減少，每班選修及旁聽約四十人，創下光復以來物理系聽課人數的紀錄。

四十五年底，吳大猷應邀在中山堂公開演講中，曾介紹李政道、楊振寧及吳健雄的研究，後來不到數日，他們的結果公佈，即震撼了整個世界的物理界。到了民國四十六年，李、楊榮獲諾貝爾獎，物理學才逐漸在台灣成為熱門的科學。

回顧當初台灣的科學發展，一位曾經親自參與耕耘的中央研究院物理所林爾康教授說：「三十年前，台灣科學幾乎等於零，就連台灣大學也沒什麼教學儀器及研究設備，物理學的師資也甚缺，全國擁有物理學博士學位的還不到三位，光復後，戴運軌教授由大陸來台，在

台大主持物理系，才培育出不少傑出物理方面的人才，不過真正提倡台灣科學發展最有具體貢獻的仍是吳大猷先生。」

長科會的誕生

發展台灣的科學乃是吳大猷初次來台後的構思。民國四十六年四月，中央研究院在台舉行首次的院士會議，吳大猷便向政府建議研擬一個長期性發展學術政策和方案，並作了一生首次非物理學方面的講演及文章，不過當時因政府遷台初期，百廢待舉，財政困難（教授每月薪水二千元左右），所以這項建議也因此受到擱置。到了民國四十七年，胡適由美國返台就任中研院院長，再請吳大猷擬出具體的方案後，始得教育部長梅貽琦及行政院院長陳誠的支持，翌年成立「國家長期發展科學委員會」（簡稱長科會），當時的經費來源是由政府撥

出二百五十萬，美國援助二千二百萬，數年後，政府支持的經費逐年增加，美援遞減，至民國五十五年，長科會的經費達到七千萬元，不過各個研究設備及學校教學儀器仍然缺乏，爲了延邀國外學人回國教學，長科會乃設有「研究補助」、「客座教授」、「學人住宅」等優待措施。這些方案的擬議，吳大猷無疑是幕後的功臣之一。

民國五十一年二月，胡適逝世，王世杰繼任院長，並邀吳大猷在台籌畫復建物理研究所，後來吳大猷與台大校長錢思亮、清華校長陳可忠共同協商後，即擬定三個機構的物理研究所的合作原則及辦法。翌年春，王世杰與美國國家研究院商定成立中美科學合作委員會，同年的夏天，中研院、台大及清大共同舉辦暑期科學研討會，當中包括物理、數學、化學及生物各科，每科講員四、五人，參與者達到百人以上。

到了民國五十四年，我國的科學已有顯著的成長，中研院的院長

王世杰再爭取中美科學合作委員會的支持，由美援獲得一億元的基金，分四年支持物理、化學、數學、生物及工程等五個研究中心，物理中心設於清華，吳大猷便開始著手致力於固態及低溫物理，以及范氏加速器之低能核子物理實驗。這五個研究所即成爲台灣科學發展的先河。

第二本專著

吳大猷常幽默的說：「過去我所寫的專書賣不好有兩個原因，一是人家認爲太深奧，二是專著的讀者很少。」雖然他本身如此認爲，但世界物理學界卻將他的著作視爲「寶典」。

一九五七年春天，吳大猷由台灣返回加拿大，數月後並在加拿大物理聯會組織的暑期討論會講了三週的散射理論，會後，Prentice-

Hall 書局邀請吳大猷寫一本有關散射理論方面的書，可是謙虛的吳大猷卻向書局的人表示他對散射理論所知不多，若一定要他來寫，書局也必須徵詢一些物理學家的看法，後來徵詢結果得到不錯的回應，於是吳大猷才硬著頭皮簽下合約。

但事實上，吳大猷在西南聯大教授古典力學時，早已有整理成書的意念，後來發現 Goldstein 的書和他的取材重點大略相似，才告作罷。隨後來台執教半年，他所編寫的教材都已打字印發，編册成書可說並不是難事，但向來處事謹慎的吳大猷卻認爲須加些不常見的資料，如古典微擾理論、非線性力學、Dirac 的新廣義力學，如此一來才能增加內容的充實，可是因爲所需花費時間過長，當時並未著手進行。

一九五八年冬，來自日本的物理學家大村充博士來吳大猷處工作，吳大猷便邀他合作寫書，大村充也欣然答應，兩人從一九五八年至

六〇年秋天，書稿已大功告成，隔年春天，書在英國排版，但不巧遇到郵局罷工，後來才延擱到一九六二年出版，此書名爲「量子散射論」，是吳大猷在學術上的第二本著作。

該書出版後頗受好評，一九六八年，蘇聯的物理學家 J. Sobelwan 及 L. Vainstien 並將此書譯成俄文，由 Nauka 書局出版。一九七六年，吳大猷被邀參加紐約洛克菲勒大學爲 Uhlenbeck 及 Goudsmit 的電子自旋理論五十週年慶祝大會，許多國際知名的物理學家更對他的專著稱讚有加，還有人自稱看過多次。

任普林斯頓高等研究員

一九五八年九月至翌年四月底的一學年間，吳大猷應普林斯頓高等研究院之聘爲研究員，結束在加拿大剛開始關於電子在金屬薄膜的

多重散射的研究工作。

普林斯頓研究院是一所純粹的研究院，它不是學府，也沒有學生，裏頭的研究員大都是外來的教授。該院設有人文和數學兩個部門，數學包括數學、理論物理及理論天文物理等，研究員平時除了各課題的討論會外，其各人研究完全自由，且無任何職責之分，而院方爲讓研究員有個良好的研究環境，每人都有一個小家庭式的公寓，辦公室及散食餐廳，可說對研究員照顧有加。

當時在這裏做研究的中國科學家，除了吳大猷外，還有楊振寧、吳大峻及黃用諏等人。另外，吳大猷的好友 Dirac 和 Uhlenbeck 兩位國際物理大師也因休假來此研究。有一天 Dirac 講授萬有引力波，前來聽講的人竟形成爆滿，教室的地上、黑板的前後，甚至將 Dirac 層層的圍住，這些聽眾大都是鄰近普林斯頓大學的學生，他們也都是慕名而來，由此可見當時 Dirac 在物理學上的地位。

一九五八年春天，吳大猷應 Oak Ridge 國家研究所理論物理組主任 M. E. Rose 教授之邀去演講，卻發生一件相當難爲情的事。有一天，吳和 Rose 正在辦公室討論物理時，另一物理學家 E. Guthe 進來，談了幾句後，Rose 竟打他一巴掌，眼鏡也被打落在地，當時在場的吳看到這種尷尬的場面，不知如何是好。

在普林斯頓時，由於讀了 Uhenbeck 的兩篇關於氣體運動論的講稿，吳大猷便於一九五九年至一九六五年的數年間，致力於對氣體及離子體（電漿）運動理論的研究，並在一九六六年出了一本名爲「氣體及電離體之運動方程式」的專著。

瑞士洛桑大學

對「氣體及離子體運動方程式」研究不久的吳大猷，在一九六〇

年冬，應瑞士洛桑大學之邀，接受他們國家研究基金的講座到瑞士做爲時四個月的講學。

洛桑距離日內瓦不遠，吳大猷授課的聽衆有來自日內瓦及 Lucerne 等地的研究生和學術單位的教授，其中在物理界頗爲知名的 Stüickelberg 教授便是他的聽衆之一。

爲了要讓法語聽衆更方便，他將講義打字印刷，然後發給聽衆。一九六一年初他回加拿大，重新將這些講稿整理，兩年後在布魯克林理工學院講課時，更將之整理成一九六六年出版的這些已經過修改的講義即「氣體及電離體之運動方程式」一書的初稿。

無時無刻都在學習，這是吳大猷對求學問的執著。在瑞士講學的空閒之餘，他仍不忘把握充實自己的機會，在瑞士的四個月中，他曾數度到日內瓦 CERN 實驗所（即是西歐各國聯合組織支持的基本粒子物理研究所）及在 Neuchatel 的瑞士鐘錶工業會所支持的研究所參

觀，其中讓他印象最深刻的便是瑞士鐘錶工業會所建立的數座「原子鐘」，它的規模並不亞於加拿大國家研究院。

自稱一生對旅遊沒興趣的吳大猷，沒想到在瑞士的一次旅遊中，卻意外的遇上「小雪難」，差點送上生命。回顧當時的情形，他仍心有餘悸的說：「當日在上 Simonix 山時突然遇到小雪，我們所乘的小型巴士的車輪未裝上鐵鍊，結果車滑倒退，等我們下車往背後一看，後車輪距離懸崖只有數寸，我家三人、朋友五口，差點滾落千尺之下。」所以至今若有人提到旅遊，吳大猷總是開玩笑的說：「雖然許多世界名勝我未去過，不過從風景明信片看來，閉上眼睛也可以想像出幾成。」

政府寄予厚望

吳大猷結束在瑞士的講學後，於一九六一年春天返回加拿大國家研究院，隨後並邀 R. L. Rosenberg 及 M. K. Sundaresan 兩名教授，合作從事氣體及離子體運動論的研究。

一九六一年八月，他應邀赴台參加第二次陽明山會談，胡適先生極力邀請他回國工作，可是當時吳因加拿大研究工作在身，而予婉謝。但事實上，胡適已多次邀請過他，首先是在一九六〇年的九月，胡適於西雅圖大學舉行中美文化討論會後，在加州與亞洲協會洽商得一講座，每年一萬美元，爲期三年，希望吳大猷放棄瑞士之行，回台在中研院任研職。但吳已先應瑞士之約，不便背信。翌年，吳大猷由瑞士返加拿大，胡適再邀他回台，且建議將合作研究的兩名教授請來，但因事實上的困難而作罷。

胡適逝世後，某日王世杰先生邀吳大猷去見陳誠，吳即向陳誠建議，中研院須在學術人力上作大幅度的增强，並在延邀學者及籌畫經

費方面努力。吳大猷回加拿大後，即接到蔣夢麟的電報，告之蔣中正總統希望他任中研院院長職，但吳仍予婉謝後王任院長，吳便親自寫信給王世杰院長，表示願盡可能爲中研院致力。

中研院物理研究所的誕生

有鑑於發展國內科學的迫切，一九六二年，中研院院長王世杰旋即建議恢復物理研究所，並邀吳大猷主持籌畫，而當時在連一個螺絲釘都没有的情況下，一切都從頭著手，行政院初擬預算八十萬元，吳申請增加到二百四十萬元，後來吳又向王院長及清大校長陳可忠，商洽物理所將和清大以合作研究方式，設備放置在清大，可節省基本設備的重複，及另起爐灶的浪費，中研院又商請亞洲協會的同意，將捐贈講座的三萬元美金，改爲購置物理叢書之用。硬體齊備後，吳大猷

即開始就國人近年在國外物理期刊上有研究論文者六十餘人，函詢其回國服務的意念，其中林爾康和王唯農兩人便是第一批回物理所服務的學者（兩人皆習實驗原子核物理）。

物理所成立後，吳大猷名義上兼任該所的所長，但因人在加拿大，所以一般事務都由楊毓東教授來處理，不過吳大猷仍經常利用閒暇回國探視。一九六五年夏天，由於王院長的建議及中美科學合作委員會的贊助，而獲得爲期四年，一億元中美基金的支援，先後成立物理、數學、化學、生物、工程及農業數個研究中心。物理中心則由清大、台大及中研院的物理研究所構成，並推舉吳大猷名義上爲主任。從此台灣的科學發展才逐漸邁入新的里程。

被推舉爲加拿大皇家學會學侶

一九五八年，紐約的布魯克林理工學院太空及氣動力研究所所長 Ferri，有發展該所的計畫，故特聘請吳大猷爲研究教授。適逢加拿大國家科學研究院漸受國會的壓力，緊縮其純粹科學部分，理論物理組無擴展的希望，在這種情況下，吳大猷考慮自己年齡已近五十，如在積極的氣氛下從事研究，或仍可有較多的成就，因此才決定接受 Ferri 的邀請。

翌年的春天，美國國家標準局的原子物理學家 Branscomb 擬尋覓一位博學的物理學家，他特地選上吳大猷，並按照政府制度中最高的薪資聘請，不過因吳事先允諾布魯克林學院而予婉謝；此後仍有紐約州立大學之前身水牛城大學、奧立崗州立大學、俄亥俄州立大學等校來聘，但他都婉謝了。

從一九四九年爲加拿大國家研究院所聘至一九六三年離開加拿大，總共十四年的時間，這段漫長的學術生涯，對他個人研究方面而言

，已由從前的原子、分子、核子，轉入散射理論、氣體及離子體的運動理論領域。他的工作和著作，在國際物理界上獲得頗佳的聲譽，一九五七年，他被推選爲加拿大皇家學會學侶（即是院士）。

任教布魯克林理工學院

布魯克林理工學院位在長島 Farmingdale 鎮，是所私立學校，其工程學系頗負盛名。吳大猷於一九六三年秋入該校的太空及氣體動力研究所講授氣體運動論。

當時吳已是位國際知名的物理學家，此課一開講後，立即受到熱烈的迴響，聽衆除了該校研究人員和學生外，還有來自鄰近 Grummen 飛機廠的人員，由於人多，便改在禮堂舉行。同年的秋天，某日在講課中，校方有人入告美國總統甘迺迪被刺，此課才宣告停止。

一個人的成功必須經過無數的歷練，吳大猷也不例外，他精心所專研的離子體工作，已逐漸知名於世，就連日本學術界也對吳大猷仰慕不已。一九六二年冬天，東京大學物理系邀他作一演講；一九六三年冬天，名古屋大學離子體研究所爲吳邀聚日本該方面的學者，舉行一次討論會，並邀吳大猷作演講，隨後將演講的紀錄，以日文刊載於日本物理學報，而所長伏見康治及同仁，更以日餐款待吳大猷。隨後吳大猷應日本物理大師湯川秀樹之邀到京都大學演講，湯川氏對吳所講之「機率觀念」與「不可逆性」的關係，大表興趣。

布魯克林理工學院的校內人事問題頗爲複雜，當初極力邀請吳大猷前來講學的 Ferri 教授，卻在吳至該校不久，即率其實驗所的同仁離去，對於這些現象及學校給予他優厚的待遇，吳大猷常自感不安，有意離去，後來雖經過校長 Weber 增薪，理學院院長 Overberger 分配兩三個名額給他，極力挽留吳，但吳去意已決，而當時紐約州立大

學（水牛校）又重申前聘，經過考慮後，吳大猷於一九六五年秋天到水牛城，翌年並任物理系的系主任。

主持紐約州立大學物理系

水牛城之紐約州立大學，原先是一所私立大學，在一九六二年併入州立大學，成為一所頗有發展前途的學府。

在吳大猷來主持物理系前，該系的研究設備及師資陣容可說是相當薄弱的，主要原因是前任的系主任為人獨斷自私，聘人以學識為主，且要不構成對他的威脅為主，系中雖然有十餘位教授，但是在教學及研究上仍保持傳統，鑑於這種妨礙學術發展的情形，年輕一輩的教授便集聚向校方申請更換系主任。

吳大猷到任後，雖對現況感到有點失望，但他仍積極建議校方改

善，他認爲要改善物理系，要從理論物理組著手，因爲該組不需實驗設備，學者亦較容易延聘。校方接納吳大猷的提議後，乃於一九六五年至一九六八年間，重新整頓師資陣容，理論研究工作有了顯著的改進，從過去被評鑑爲「不入流」，一躍爲乙等，這項榮譽，吳大猷可說功不可没。

吳大猷在主持物理系的作風，一向是以系爲主，凡事力求公開化，每學年末，都會請各教授列其所需的設備及經費，系中的帳目經常公開讓同仁檢閱，在聘請新教師前，他將候選者的學歷著作及推薦函公開讓全系的同仁投票表達意見；同仁的升級也是一樣。這種突破過去傳統的作風，在該系中，吳大猷是第一人，他對紐約州立大學物理系的貢獻，至今仍爲一段歷史美談。

吳大猷與馬仕俊（右）、楊振寧（左）于 1949 年秋攝于紐約哥倫比亞大學旁的寓所中，時吳大猷于哥大執教。

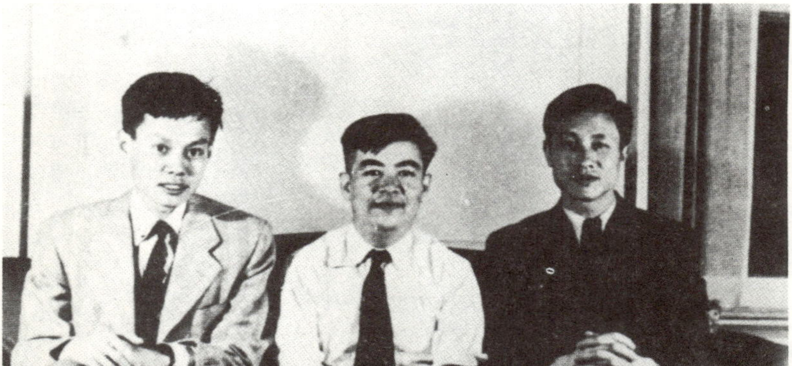

吳大猷與黃授書（天文物理學家）攝于哥倫比亞大學圖書館前（1964年？）

物理大師 Paul A. M. Dirac 于 1955 年夏至加拿大國家研究院，右立者為 G. Herzberg。二氏先後分獲諾貝爾物理學、化學獎(攝于 1955 年夏)

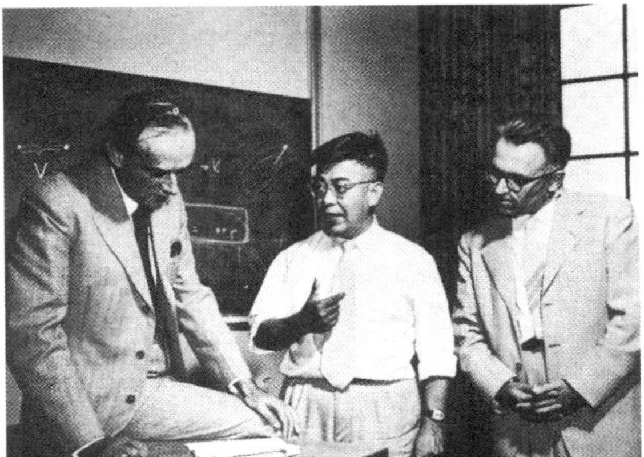

吳大猷與妻、子，于 1954 年攝于加拿大渥太瓦。

1956 年 11 月，吳大猷偕妻（冠世）、子（葆之）由加拿大首次來台灣，途經日本東京，受到日本物理學家湯川秀樹夫婦（圖左二人）宴請于京都最老的餐館「飄亭」。右起：Gentaro Araki 教授、吳大猷、Minoro Kobayashi 教授。

1960 年 8 月 24 日，吳大猷與日物理學者 A. Fujii、R. Rosenberg 合攝于加拿大國家研究院（N.R.C）。

吳大猷與 G. E. Whlenbeek 教授合影于美國普林斯頓高等研究院。

E. Bauer 乃爲 1949 年由英國劍橋大學加拿大 N.R.C，與吳大猷同爲首批博士後研究員之一。

1961年9月初，吳大猷返台參加「陽明山第二次會議」，訪胡適先生于南港中研院寓所前。

1968年前後，楊振寧到水牛城紐約州立大學與中國同學座談。

對台灣科學發展的貢獻

事實上，吳大猷對台灣科學的貢獻並不祇中研院和科導會……

第七章　對台灣科學發展的貢獻

若將台灣的科學比喻是一棟大樓，吳大猷便是這棟大樓的主柱。

科導會的誕生

一九五七年，吳大猷首次向政府建議制定國家長期發展學術的政策（見上章），一九六七年，當時蔣中正總統援憲法的特別條款，成立國家安全會議，下設科學發展指導委員會，其任務爲研訂國家科學

發展政策事宜，而特命吳大猷爲主任委員，閻振興和蔣彥士爲副主任委員。

一九六七年一月，吳大猷在美國接獲錢思亮和閻振興兩位函電，轉達蔣中正的屬意，當時吳大猷對「科導會」的任務目標皆一無所知，在回覆錢思亮的信中，他提到有兩個猜測，一是政府想策劃科學發展，二是想策劃原子核能的發展，他說，若是後者，則全無所知，如是前者，則願盡所知，貢獻一己之力。

是年的春天，吳大猷由美返台，並向政府提出有關發展台灣科學的看法，他認爲台灣學術基礎薄弱，尤其是科學方面，其原因除了經費艱難外，政府的許多措施都是在某些已先決定的情況下，各部門各做自己的計畫，沒有一個機構有權把國家所有的重要問題，如國防、經濟、教育等，做一全盤性的檢討和決策，國家安全會議雖是針對這些情形而組成，但科學發展指導會的任務，應該不可僅限於科學教育

及研究等某一特殊計畫的細節，而須協同國家建設計畫委員會，把有關國家重要問題作一全盤檢討，然後決定在各方面，作有配合性的短期及長期的目標，和擬定進行計畫。

後來吳大猷更把上述的看法，簡單的寫出來給安全會議祕書長黃少谷，請求先呈蔣中正總統，這一文件的內容直率實在，且包含了詳細的、有建設性的建言。一九六七年（民國五十六年）三月二十三日下午四時，蔣中正總統召見黃少谷、閻振興、錢思亮、阮毅成及吳大猷。當時蔣中正總統見了吳大猷後，除了不以爲他的建言有不妥之外，同時還認爲他對科學發展指導委員會的看法，和當初組織這個機構的精神相同。同時，總統還問吳在國外的工作情形，且表示如因在美工作及家人求學不能回國，仍可繼續在國外工作，一部分時間在外，一部分時間在台灣，而台灣的工作可由閻振興和錢思亮兩位協助。在如此盛意和期勉之下，吳大猷終於允諾接下這項艱鉅的工作。

爲台灣科學奉獻二十餘年，且對吳大猷有深入了解的中央研究院物理所林爾康教授說：「吳先生在台灣二十幾年，他有兩個家，一個是科導會，另一個是中研院，這兩個家都是他最愛的地方，也是他奉獻心血最多的地方。」

事實上，吳大猷對台灣科學的貢獻並不只中研院和科導會，在民國五十六年蔣中正總統任命他爲科導會主任委員後，他經常向政府提出諸多政策上的建言，同時更親自向蔣中正總統呈報發展科學方案。從民國五十六年至八十年四月二十九日李登輝總統下令科導會於八十年六月三十日撤銷，組織規程也同日廢除止，整整歷時二十四年又三個月零三天，在這段期間經歷了四位總統和四位安全會議祕書長，而

吳大猷可說是「四朝元老」，但他對發展台灣科學的努力，仍不因任何人事的改變而改變。如今他雖已八十五高齡，但對學術的研究和關心科學的發展卻始終如一。

在回顧這段吳大猷對台灣科學的奮鬥史前，首先就不免要提到當初吳大猷對蔣中正總統所呈報的科學建議，這些「建議」是爲了適應當時國家所需，諸如，國科會的成立、國家科技發展職責的分配、學術行政人員任期制度、公營事業的「研究與發展」、公營事業科技研究人員出國進修、簡化研究儀器設備之採購手續、建議某些部會設立計畫、評審、分析單位，這項提議深受蔣中正總統的重視，不過可惜的是，行政院及各部未盡明瞭各議案的本意，有些提議更是無什麼結果。

民國五十七年秋天，由科導會會同政府有關部會機關及學術機構，擬訂「十二年科學發展計畫」，此計畫的進行，不僅爲我國培育出

不少高級科技人才，而且在我國科技的發展上更有重大的突破和發展。不過科導會卻自民國六十二年七月起就開始「精簡」，連準備諮詢的事也減少，所以嚴格來說，科導會被撤銷雖是在八十年六月，但它真正的「有效生命」，僅約五、六年而已。

雖然如此，吳大猷對國內科學教育的發展仍相當重視，民國六十六年，吳大猷所研擬對中學科學課程及重新編寫教材的建議，獲得教育部的支持，六十八年九月教育部成立「科學教育指導委員會」，聘吳大猷爲主任委員，會中並設有物理、化學、數學、生物、地球科學及工程各科「諮詢委員會」，其主要的目的是要改進初、高中的科學教育。

吳大猷在科導會任內曾向政府提出不少具體的政策建言，有些是未見實施，但極大部分都有相當的成果，尤其國科會的成立，這對台灣二十餘年來的科學發展，人才的培育，在在都顯示出吳大猷當年所

花費的心血。當然這些極重要的措施也都應歸功於蔣中正總統的遠見及執行單位的配合。

回顧這段漫長的「科導會歷史」，吳大猷坦率的說：「二十餘年來，『我』和『科導會』實在是『分不開』的，寫『科導會的簡史』，不自覺的便寫了我自己的經歷。」

美國對成立科導會的重視

一九六七年，蔣中正總統任命吳大猷爲科導會主任委員一事，立刻引起美國的關注。國務院中的國際科技處人士對於吳大猷以學術人士主持科導會皆表示欣喜。

美政府對我國設立科導會，籌畫科學發展措施極給予肯定和重視。該年四月，吳赴華盛頓參與中美科學合作委員會會議時，美國總統

詹森的科學顧問賀尼克（Hornig），特地在「小白宮」（Blair House）設宴款待吳，席中並邀有我國駐美大使周書楷及美國政府有關科學技術的高級官員，賀尼克在宴會中還自稱在二十年前，曾讀過吳大猷所著的「多原分子之振動光譜及結構」一書，且自許爲吳大猷的學生。

一九六七年九月，賀尼克奉詹森總統之命率團訪華，並面見蔣中正總統，同時建議我方政府宜致力於科學技術的發展，適宜的幅度爲國民生產毛額的百分之一至二。

後來賀尼克於寫給詹森總統的報告書中，對我國科學技術情形做了中肯的評價和建議。可是我國的報章卻屢次報導美國將援助我國，這使美國駐華大使馬康衛大爲尷尬，吳大猷爲此向蔣中正總統呈報，指出美國對台之援助，已於一九六五年終止，在法律上不可能資援台灣，我國報章不宜使美方難堪。蔣中正對吳大猷的提議也完全持相同

的態度，後來馬康衛大使得知此事，一再向我政府表示歉意，而吳大猷爲解馬大使之窘，遂建議他向美方借或租一艘船，做爲海洋研究船之用，果然事後不到兩個月，美國政府即給我國一艘約千餘噸的船。我國駐華盛頓海軍武官驗視後，認爲船太大，維護費高，請美方另尋一艘較小的船。翌年春，吳大猷赴華盛頓美國國務院接受贈船，船命名爲「九蓬」，此船目前由台大海洋研究所管轄作業。

一九六七年十二月，蔣中正總統參照賀尼克的建議，按我國的國民生產毛額計算，核定「科學發展基金」，每年約十二億元，其中留六億爲原子能發展之用。翌年，中美科學技術的聯繫又展開新的一頁，美方派畢林士（Bruce H. Bileings）博士來台任農復會委員兼美國駐華大使科學技術特別助理，此人爲物理學家，來台四年期間，積極致力倡導應用航空攝影術，爲各項土地道路探測工作之用，協助政府建立電子計算機的運用系統及計畫海洋研究船的最新儀器設備，對當

時我國的科技有卓越的貢獻。同年夏天，吳大猷商請上級核准，與美國政府洽商，由中美兩國政府，訂定科學技術合作的雙邊合約。爲從事科技人員知識交流和研究工作，美方由其政府的「國家科學基金會」和我國的國科會合作處理兩國科技事宜，吳大猷並於一九五八年秋天赴華盛頓，與該基金會正式擬定進行合作事項，預算第一年各二十萬美元。此數雖微，但在當時我國的情形下，這項合約對我國在精神上的作用頗重要的。

新竹計畫

一九六七年初夏，吳大猷應蔣中正總統之命由美返台擔任科導會主任委員，剛抵達台灣，隨即就收到公文，此公文乃國防部中山科學研究院所擬議的「新竹計畫」。

吳大猷接獲這項核能發展計畫案後，數週間一再與其同仁商討，雖彼此對問題的看法不一，但皆不贊同此項計畫，經過深思熟慮後，吳大猷乃於七月中擬妥意見報告，對於國防部中山科學研究院的提案，他在報告中指出，此項核能計畫，所花費的人力及財力皆相當龐大，以當時政府的經濟財政力量，恐怕是一大負擔。另外他認爲，以國家整體策劃而言，必須有全盤性的觀點和健全的原則，當時台灣一般科學教育研究及工業發展所需的經費都還不足，若冒然嘗試，可能面臨到許多困難。根據各項的考慮後，他擬出了兩項建議，一則是，由於核子反應爐、重水廠、鈽之分離廠，三項同時進行，又因鈽之核子武器氣味過濃，恐招致國際間的疑慮，他希望此項計畫，是先只進行核子反應爐一項，若接受國際原子能總署的和平用途，重水的購得可從美方取得。另一則是，各國對類似工作，皆由原子能委員會進行，若此項計畫由國際部策劃，必招國際間的疑慮，難洗脫軍事目標之嫌

。

在多方的疑慮下，吳大猷細心的對此項計畫做過評估後，於是在八月初，先以報告稿呈給安全會議祕書長黃少谷、轉呈蔣中正總統，八月十三日，安全會議在陽明中山樓召開，開會前，黃少谷即告訴吳大猷說，蔣中正總統和國防部長蔣經國和他三人已經詳讀該報告，且已決定接納報告中的建議，「新竹計畫」已不再討論，並接納該報告中的建議，由總統指令將原子能委員會改置行政院下。

遭人攻訐

一九六七年九月中旬，美國總統科學顧問賀尼克率團訪華，請求參觀國防部的「火箭放射場」，但遭到謝絕。事後中山科學院曾呈文給國防部，提到美方要求參觀火箭放射場，必係吳大猷的建議。翌年

更傳聞中山科學院有人向外界指責吳大猷是「漢奸」，對於這些不實的控告和指責，吳大猷當時極表痛心；他深知其來源是因未支持「新竹計畫案」之故。

一九七〇年九月十一日，蔣中正總統召見黃少谷和吳大猷，在談話中，蔣中正總統似乎還未知中山科學院有人指責吳爲「漢奸」一事，所以仍頻頻問起曾否到中山科學院及中正理工學院視察，當時吳一時不知作何回答，只好勉强推說「未作安排」。相隔五天後，國防部崔之道次長一早就來接吳到中正理工學院參觀實驗室，隨後再驅車到中山科學院參觀電子、光譜實驗室，餐後返回台北。

在吳大猷返美後，蔣中正總統仍命吳大猷做一書面報告。在報告中，吳大猷表示所見的設備尚好，但領導人才仍不足。另外他還順便提到國防醫學院的學生服役年限過久，乃是招不到優秀學生的主因，他建議宜須減低服役年限，此意見初與總統相左，不過總統仍將其建

議交國防部研討。

台灣發展核武的傳聞，曾引起美國的注意，並於一九七六年對我國施加壓力，我政府乃正式聲明不從事核武發展的立場，由這些跡象顯示，當初吳大猷提議不實施「新竹計畫」方案，實是有遠見的，但無疑的這份報告卻使他失去初時政府對他的「期望」。回顧這段歷史，吳大猷至今仍坦然的說：「我從未後悔，反之，有時且以當時誠實、無私、無畏的勇氣爲慰。」

蔣中正父子對吳大猷的器重

在吳大猷的自述中，蔣中正對他不僅兼有「敬」、「信」、「愛護」的心，且有超乎通常的「禮遇」。

一九六七年夏天，蔣中正吩咐經國先生去接吳大猷，由台北搭乘

火車至台中，再乘坐汽車送他到梨山賓館，且安置他於該賓館唯一的套房。

等一切安排好之後，蔣中正整衣，長袍馬褂的到吳大猷房間看他。後來蔣中正也陸續邀他遊壽山農場、溪頭、竹山，並一起共進餐食。有一次，某日晚飯後，蔣中正夫婦邀吳大猷並坐觀賞電影（片名爲「山本五十六」，另一片爲「紫貝殼」），且將他的毛氈覆蓋在他和吳大猷的腿上，這雖僅一件小事，但也由此可看出蔣中正對吳大猷的關愛和器重。

吳大猷每年夏冬由美返國，蔣中正即囑咐經國先生陪他遊覽台灣，其先後到過橫貫公路、天祥、太魯閣、花蓮及金門等處。一九六九年年年八月的某日，蔣中正總統在梨山邀請蔣彥士、黃少谷、俞國華、李國鼎、張繼正、陶聲洋、劉大中及吳大猷等人，當日恰逢吳大猷的生日，蔣中正夫婦即設宴爲他祝壽。一九七二年後蔣中正健康欠佳，

召見相聚的機會也逐漸減少，只有偶爾囑咐經國先生邀他吃飯。至今吳對於蔣中正的知遇仍未忘於懷。

成立國科會

科導會誕生後，吳大猷再於一九六七年五月返台，並隨即建議改組擴大原有的「國家長期發展科學委員會」爲「國家科學委員會」（簡稱國科會）隸屬於行政院，蔣總統任命吳兼任國科會主任委員，副主任委員則由教育部長閻振興兼任。

國科會之任務爲執行國家科學發展之政策，吳就任主任委員後，便重新擬訂台灣的科學發展方向，首先他從科學教育、設備及人才培育著手，並設置研究補助費辦法，訂定「遴選國家客座教授」。一九六九年並設立科學資料及科學儀器中心，專門蒐集各科學工業先進國

家之科學工業技術資料，及研製修護儀器，爲學術、工業及各界服務。此外國科會又支援國立編譯館，從事大專教科書之編纂，科學及世界名著之譯述。

基本科學研究方面，國科會直接支持物理、數學、化學、生物及工程與應用科學五個研究中心。應用科學及技術方面則支援海洋科學研究、電子科學研究、醫學研究、工業研究、農業研究及發展、氣象颱風研究、中央研究院及台大合作設立經濟研究所、培植碩士、博士級之現代經濟人才。

爲促進並加强國際間科學技術之交流，一九六九年一月，我國與美國簽訂一項科學技術合作協約，主要目的是在加强兩國學術研究機構的接觸，科學家與學者專家的交流，我國的執行機構爲「國科會」，美國則由「美國國家基金會」，嗣後擬定四種實施準則，確定該項合作的範圍與方式，在科技人員交換方面，兩年內由美來台者達到數

十人，其中還包括曾獲諾貝爾獎的 J. Schwinger 及C. H. Townes，Bloombergen 等。此外，爲配合加强中美科技合作計畫之推展，美國國務院科技處也特派畢林士（Bruce H. Billings）常駐台灣，我國也由國科會派科學參事常駐我國在美大使館，擔任諮詢與聯繫工作。

從一九六七年至一九七三年，六年間，吳大猷每年冬天都會回台灣一個月，夏天四個月，不在台灣期間，國科會的事務皆由副主任委員閻振興、蔣彥士、鍾皎光和祕書長張明哲、楊文清代理執行，這種安排，後來漸受外界批評。一九七三年五月二十一吳大猷返台，數日後，李熙謀來訪告之政府有改組國科會的消息，李和吳並非熟交，突然來告訴這個消息，殊不尋常。吳乃與閻振興商辭兼國科會主任委員一事，向行政院長蔣經國推舉蔣彥士或徐賢修爲繼任人。

在國科會六年任內，吳大猷本著個人對學術的誠懇和執著，提出多項有關發展台灣科學的政策，這些政策的實施，也正是二十年後今

日科技進步的基石，所以吳常說：「影響學術發展的另一政策，乃政府的政策。所謂『政策』，不在文字而在於實際的措施，最重要仍在於政府對科學的支持。」由這句話可見，當時吳大猷在主持國科會時是如何的用心。

吳大猷寫給蔣彥士的一封信

一九七三年元月，吳大猷在返美前曾寫一封信給當時科導會副主任委員之一的蔣彥士，訴說他數年來工作所遭遇到的各種問題。

這封信指出當時政府對推展科學上的種種缺失和弊病，信中有這麼一段描述：「數年來推動各計畫，其由國科會主持者所感到最大困難，乃人才的缺乏。其與其他機構有關者，則『本位觀點』、『惰性』『對事缺乏了解、熱忱』，“Incompetence”（不勝任），使事之進行

如蝸牛。又社會及政府的人愈是外行，愈是意見多……」信中他又指出，部分政府機構對於推展科技最大的弱點便是凡事都膚淺從事，不知深入分析，他舉例說，例如有人亂唱「技術輸入」，而與日本數個廠「合作」成立數個汽車廠，輸入零件在台配製，根本與「技術輸入」無關。

他又說，他最大的失望，便是政府各部門極少深切認識科學對國家的重要性，尤其是各機構，從未以爲科導會和國科會是有何意義和重要性，他舉例說，五年多來，除每年兩次的科導會及國科會與各機構檢討考核外，從未有任何機構自動與兩個會作任何研商，後來有人責怪他「教育」及「科學」不配合國防及經建需要，但事實上，國防及經濟部也未曾向教育及科學部門做出具體的需求。

吳大猷在此信中，不僅提出他對科技發展的看法，且還毫無掩飾的道出，政府某些部門「各自爲政」的弊病。這封信雖然很長，但裏

頭的每一句話都是「一針見血」，沒有贅詞。而今每當有人提起這封信時，吳大猷總是直率的回答說：「事隔十九年了，但信中的許多感觸、批評，現在似乎仍是適用的，但是時代改變了，這些建言是否能被接受，恐怕還是個疑問？」

五度參加國際科學大會

「國際科學聯合會總會」（簡稱ICSU）在其組織條例的第一條中明定，該會係非政治性非政府間的組織，非以「國家」爲會員，而係以「地區」的科學機構爲會員。不料自一九七一年十月，我國退出聯合國後，許多國家也隨之與我國斷交，而國際間許多純粹及應用物理聯合會，也因受到中共政治的干擾，致使我國會籍問題倍受爭議。

在這種「政治」與「科學」混淆不清的國際逆流中，爲維護我國

在ICSU中的會籍，吳大猷曾先後五次率團列席，並在大會期間內外折衝，最後在一九八二年第十九次的大會中，終於達成在不改變我國會籍及投票權利的條件下，中共願接受大會的議決案，正式入會，於是「中國會籍」風波才告平息。

這五次的ICSU大會，先後分別在土耳其的伊士坦堡（一九七四年）、美國華盛頓（一九七六年）、希臘雅典（一九七六年）、荷蘭阿姆斯特丹（一九八〇年）及英國的劍橋（一九八二年）等地舉行，我國代表團先前是由吳大猷、王紀五和郝履成組成，後來在第十八、十九兩次大會加入蘇仲卿、蔡義本和周昌弘等人。

五次大會中，尤其以一九七四年的第十五次大會對我國的形勢最爲不利，因爲自我國於一九七一年退出聯合國後，若干國家即對我國醞釀不友善態度。又聯合國教育科學文化組織，每年都對ICSU有若干經費的補助，而且更明白的施壓力使ICSU排我容共。

在此次大會中，一位代表中共發言的巴基斯坦人，竟不顧及該會的基本精神和國際道義，上台發言時即以惡劣的態度和言詞辱罵我政府。面對巴國代表此種粗魯及阿諛的舉動，吳大猷不予理會，在發言時一再申述我方遵守該組織憲章之精神，只求維持我國會籍的立場，而當時和吳大猷有學術上交往的美國、英國、加拿大、日本及印度等代表，仍暗地裏支持我國，所以在討論會後，大會仍以八十餘票對三票，議決將「會籍」問題交由理事會處理。

奔命於會籍問題

對於 ICSU 重申該會的「科學普遍性」及「不以政治排拒會員」的基本原則，中共仍不時向 ICSU 祕書會提出抗議。一九七八年 ICSU 在希臘雅典舉行，日本首席代表伏見康治教授（吳大猷的友人

）即私下告訴吳大猷，表示將擬出一個議案，邀中共入會而將我方科學家以「個人會員」參加，不過因擬案文字有諸多「玄機」，旋及被吳大猷視破是美國代表的「背後傑作」，後來果然不到三個月，美國卡特總統便宣佈與我國斷交。

爲維護我國的會籍，代表團返台後，吳大猷便隨即向中研院院長錢思亮建議，我方應主動邀請 ICSU 及各聯合會的會長、祕書長等要員來華訪問，以增強他們對台灣科學的認識，進而轉爲友善的支持。

這項建議獲得錢思亮的採納。一九七九年元月陸續有 ICSU 會長 C. de Jager、祕書長 Sir John Kendrew、執行祕書 W. F. G. Baker 等人來台訪問，並參觀我國研究所數處，對於我國科學發展留下極深刻的印象，同時也確知我國戮力爭取會籍，確是科學所需，而非政治理由。

後來 Sir John Kendrew 和吳大猷在面談中，吳大猷就以「中國

會籍」問題，數年來不能獲得解決，要求 ICSU 會長、祕書長試探性的説服中共放棄排我出會，這項要求立即獲得兩位的首肯。同年的六月，中研院再邀國際生物化學聯合會（IUB）祕書長 W. J. Whelan 來台訪問，吳大猷仍同樣向他提出此問題。後來該會在加拿大多倫多舉行，Whelan 與中共初步接觸，後赴北平繼續研商，結果中共最後同意此案，成爲在該會中我方與中共各自獨立的會員（我方以 The Biochemical Society Located in Taipei 名稱參加）。

八月末旬 Whelan 再次來華，並與吳大猷、錢思亮、王紀五及蘇仲卿等人商討我方會籍立場，可是當時因國際純粹及應用化學聯合會（IUPAC）正在瑞士舉行，該會的組織，係以「國家」爲會員，而中共已派人赴會，若大會商討會籍問題，則類似一九七五年國際地球物理聯合會（IUGG）「容共排我」的歷史將會重演，爲顧及情勢，Whelan 即建議我方將 IUB 生化聯合會模式方案，送到瑞士的

IUPAC 參考採行。

但是因時效上的緊湊，加上政府相關單位開議協商緩慢，最後才在外交部長蔣彥士面陳最高當局決策後，該方案才經核可。九月二日 Whelan 再抵台，經中研院簽訂建議方案同意文件後，隨即飛往瑞士，將該方案提供給 IUPAC 大會，中共代表接受此方案，形成我方與中共各有獨立會員籍的先例。

到了一九八二年第十九次 ICSU 大會，中共和 ICSU 會長 D. A. Bekoe、祕書長 J. C. I. Dooge 商訂一個草案，這項擬案並未知會我方，隨後我方即派王紀五赴巴黎總部抗議，並與會長、祕書長及執行祕書 Baker 商討，但仍未獲得實效的成果。後來王紀五再轉赴歐洲，尤其以爭取瑞典、挪威支持爲主，瑞典代表 O. Tandberg、ICSU 祕書長候選人 L. Ernster、IUPAC、IAU、IUPS 等聯合會皆對理事會新議案違背前次大會議決原則，深表不滿，表示願支持我方。

經過各方的支持及議案的附加解釋後，大會終於接納我方及中共為兩個會員，而中共代表周培源也在致詞中正式接受我方入會，歷經八年及五次大會的「中國會籍」問題，終於「暫」獲解決。

教學、研究、著作

一九六九年，吳大猷辭去水牛城紐約大學系主任職，每年在美授課兩學期，研究工作也比以前大減，而大部分時間都分散在相對論、統計力學、原子物理等問題上，從一九三三年至一九六五年間，其研究論文達到一百零一項，一九六六至一九七六年中，則僅有十一項之多，這些時間一方面因忙於美國的教書，一方面則心繫台灣的科學、教育等問題，因此從一九七三年辭去國科會的兼職後，即為陳立夫所主持的翻譯英人李約瑟所著「中國的科學與文明」委員會，校閱譯稿

，並譯了「物理學」的部分，後來在一九七四年，應幾位物理系教授之邀至台大、清華及交大授課，在台大是講授「理論物理」、「數學、物理的發展史」，清大則授「量子物理」、「古典物理」、「氣體運動論」、「原子分子物理」、「非平衡態熱力學」、「量子散射理論」等課，交大則只講「數學、物理發展史」、「近代物理」、「物理討論」等。在台大的課，於一九八〇年因阮冠世逝世即停止，清大、交大的課仍至一九八五年數度入醫院後，才改成不定期的演講，不過自一九八八年患有嚴重的心肌梗塞後，也告停止，現在只剩下每星期三在台大講授「物理學的發展史」。

爲習物理的學生編著一套良好的教材，這是吳大猷最大的期望；一九七六年夏天，吳大猷決定將過去教學的講稿，整理翻譯成中文，後來由以前在紐約州立大學的學生，現在任教於交通大學的褚德三、郭義雄及韓建珊三位教授之助，將英文稿的「古典動力學」、「量子

論與原子結構」、「電磁學」、「相對論——狹義與廣義」、「量子力學甲部」翻譯成中文，吳大猷本身則自行翻譯「熱力學、氣體運動論、統計力量」、「量子力學乙部」，共七冊，總稱爲「理論物理」。

其中「量子力學」甲、乙兩部，已重新用英文寫出，甲部已在一九八六年由新加坡的「世界科學出版公司」出版，乙部「相對論量子力學與量子場論」則在台大物理系教授董偉彥作若干的補述後，於一九九一年出版，此書由於內容精闢，頗有研究價值，目前已受到國際科學界的好評，一九九二年四月，日本有位名叫 Syurei Iwao 的退休教授寫信給吳大猷，表示要將此書譯成日文。

成立「地震小組」及「船模試驗室」

吳大猷在兼任國科會主委時，因有鑑於台灣地震的頻繁，又無專

屬研究地震的機構，於是便在一九六九年與我國留美地震學者鄧大量和吳大銘商談籌畫地震研究設施，經鄧、吳兩位同意後，翌年開始巡視全省的地震測量站，並擬訂全省的地震測量網、電訊傳遞系統及所需儀器，後經鄧大量商請美國南加州大學代爲辦理訂購設備事宜，在台灣則由游世高負責一切聯繫工作，一九七二年，地震站網完工後便開始從事測量、紀錄及分析等工作，隨後國科會再支持中央研究院物理研究所成立「地震研究小組」，使我國在研究地震的科技上有了重大的開端。

兩年後，該研究小組已陸續爲曾文水庫、台電的達見水電廠、金山核能發電廠及公路局等處，作地震的測量及資料提供。

除此之外，吳大猷更在一九七六年間，極力推動台大的船模試驗室（全長一百五十公尺），當時我國造船的鋼板、機械，藍圖都要向日本購買，缺乏獨立自主，有鑑於此，國科會特地從西德購來設備，

並建議在台大成立一個造船工程研究所，不過令人遺憾的是，台大所擬議興建的試驗室，因所需土地的一部分爲私人所有，經兩年的波折，試驗室的建築計畫一再耽擱，又過兩年，始告完成。

任「科學教育指導委員會」主委

吳大猷對中學科學教育的具體參與，是在擔任國科會主委時。一九六八年他曾向教育部提議高中設立「地球科學」課程，以改善我國科學教育忽略天象、地球科學，氣象等科學的情形。這項建議旋即爲教育部採納，只可惜當時在教學師資的缺乏及大學聯招科目未被列入的情況下，此課程二十年來形同虛設。

後來吳大猷又發現我國的高中、國中及職校的科學課程及教材大部分是翻譯美國的課本，內容不妥。於是他便再向教育部建議，將高

等教育以下的各級學校的科學教育，作全盤性的檢討，此項建議再爲教育部接納。一九六九年，教育部正式成立「科學教育指導委員會」，聘請吳大猷爲主任委員。

該委員會是以習理工的大學校長及高級教育行政首長所組成，吳大猷上任後，隨即擴大師範大學的「科學教育中心」，並陸續聘請各大學的數學、物理、化學、生物、地球科學及工程科學等六十餘名教授爲各學科諮詢委員。翌年開始由國中、高中各學科的教材重新編著，並選定數所國中試教後修訂。高一設立基礎數學、基礎理化、基礎生物學、基礎地球科學，目的是爲提升凡受大學教育者的科學基本知識水準。高二和高三則設有兩年課程的數學、物理、化學、生物及地球科學，供學生選修。所有各課程的教材、實驗及教師指引皆重新編訂，同時選定幾所學校試教，每年爲一次修改，這項政策已自一九八四年開始施行，這是吳大猷對近十餘年來科學教育的努力。

阮冠世病世

一九八〇年對吳大猷來講，可說是最難熬的一年。十月七日那天，吳大猷突然接到兒子葆之從美國打來的急電，告之其夫人阮冠世病危的消息，十月十日吳大猷趕返美國，當時她已住入加護病房，病情十分危急，吳和他兒子葆之每日前去探視，十二月二日終告逝世，享年七十二歲。

吳大猷自一九二八年在南開大學初識阮冠世至她去世，共計有五十一年的相處時間，可是由於她身體向來羸弱，在五十一年中，將近有十九年的時間是爲病魔所纏，不過她求學毅力甚强，至她去世的前十年，也就是一九七〇年仍努力不懈的取得博士學位。

這對從艱苦裏走過來的夫婦，他們當中有辛酸，也有歡樂，而最

大的歡樂莫過於培育出一位既孝順又有志於學術的兒子。在吳大猷所著的文選裏就這樣提到：「因爲我的經常離家來台，兒子須辭掉博士後的研究工作，在家陪伴照料母親，直到內子去世。我在台如做了些事，獲些虛譽，付出『代價』的是內子和兒子。」

至於每當有人提起他與阮冠世的往事時，吳大猷總是以其他話題帶過，而事實上吳大猷是個很念舊的人，他常說，每當想起，我總會拿一本書或做些工作，將思緒打開，因爲過去的情景，時常會在休息時不經意的出現在腦際，年紀大了，不能再想，一想便睡不著。

一個成功的男人，背後都有一位賢內助。吳大猷一生對學術界的貢獻，所得的榮耀，阮冠世可說居功非淺，主要的默契仍來自於相互的了解和鼓勵，因此吳大猷曾說，阮冠世不僅是他的好太太，同時也是他的好朋友。

民國 56 年（1967 年），吳大猷與蔣總統中正（左立者）合攝於竹山。

民國 56 年（1967 年）吳大猷與蔣總統中正與竹山居民合影。

民國 56 年（1967 年）吳大猷（左二）與蔣總統中正（中立者），蔣經國國防部長（右二）合攝于橫貫公路上。

民國 58 年（1969 年）左起爲張繼正、黃少谷、吳大猷、陶聲洋、蔣總統中正、蔣彥士、劉大中、李國鼎、俞國華等人，合攝于梨山賓館前。

民國 56 年（1967 年）吳大猷（左）與時任國防部長蔣經國合影于橫貫公路。

1982 年 ICSU 大會之後，吳大猷與 Sir Harold Thompoon（四十餘年老友，英國分子光譜學家）合影于英國牛津大學。

民國 56 年（1967 年左右），吳大猷（左）與嚴院長合影。

民國 56 年（1967 年）夏，國家安全會議科學家發展指導委員會于新生南路成立時所攝。第二排中立者即爲吳大猷。

民國 56 年（1967 年）五月，與國家長期發展科學委員會同仁合攝。第一排左起第五人即爲吳大猷。

任中央研究院院長

台灣學術人才基礎的奠定，胡適和吳大猷功不可沒。

第八章　任中央研究院院長

中研院在我生命中，無論間接直接都有很大的影響，反之，有如物理學中的作用和反作用原理，我無疑的亦或好或壞的影響了中研院。

中研院的創立

民國建立之初，當時因逢內憂外患，加上國內學術風氣未盛，學術進展，可說非常緩慢。國民政府成立後，乃有設立中央研究院之議，民國十六年，由蔡元培、李石曾及張人傑三人草擬中研院組織法，

翌年的六月九日正式成立「中央研究院」，蔡元培爲首任院長。民國四十三年，修正組織法，明定中央研究院隸屬於總統府，備總統對學術上的諮詢。其職務爲從事科學研究及指導聯絡獎勵學術研究。

中研院剛成立兩年內，先後成立歷史語言研究所、地質研究所、天文研究所、氣象研究所、物理研究所、化學研究所、工程研究所、社會科學研究所及心理學研究所等九個研究部門。民國二十三年再將先前成立的自然歷史博物館改爲植物研究所。

民國二十四年，中研院公佈評議會的組織條例，第一屆評議委員推出，這些評議委員則由國立大學院校教授推選出候選人，再由中研院的院長邀集國立大學校長複選後產生，該居共有三十人，分別是：葉企孫、姜立夫、李書華（數學）、侯德榜、吳憲、趙承嘏（化學）、唐炳源、李協、淩鴻勛（工程）、林可勝、秉志、胡經甫（動物、生理）、胡先驌、謝家聲、陳煥鏞（植物、農）、吳定良（人類）、

李濟（考古）、趙元任（語言）、胡適、陳垣、陳寅恪（歷史）、王世杰、何廉、周鯁生（社會科學）、郭任遠（心理）、張其昀（氣象）、張雲（天文）、朱家驊、丁文江、翁文灝（地質）。

後來因抗戰事起，各大學及研究機構開始流離遷徙至川滇桂黔陝等地，而中研院各所也分散後方各處。民國三十年，姜立夫籌設數學研究所，三十三年動植物所分爲動物所與植物所二所，另外又籌設醫學研究所，由林可勝主持，同年歷史語言研究所人類學組擴充成爲體質人類學研究所。這些都是在艱苦的抗戰中成立的，不過當時因受制於人力、環境的影響，尤其方始萌芽的科學發展，便因抗戰而停頓九年之久，這是我國科學落後的主因之一。

民國三十四年抗戰結束，中研院各所開始陸續遷回京滬，三十五年再由評議會籌辦院士選舉，先由專門學會、各大專院校、研究及學術界有資望者、分科提名候選人，共約四百餘人，三十六年由評議會

審定候選人一百五十人，三十七年再由評議會選出院士八十一人，其中的物理組有饒毓泰、吳大猷、嚴濟慈、趙忠堯、葉企孫、吳有訓和李書華等七人。

遷台後的中研院

民國三十七年，當時國共戰事緊張，中研院便隨政府遷台，不過因困於運輸工具及經費，只有歷史語言及數學兩個研究所順利將圖書及古物資料運送來台。

可是台灣當時也正逢百事待興，學術又無基礎，由大陸搬運來的史語所古物和圖書，皆暫放於桃園楊梅鎮的鐵路倉庫，數學所的圖書則借存在台灣大學。到了民國四十四年，政府撥款新台幣三百萬元、中華教育文化基金董事會補助五千美元、美國洛氏基金會一萬元美金

，隨後在南港購得土地約二十三公頃，即目前中研院的現址。

政府遷台後，當年在大陸第一屆院士來台的有，朱家驊、王世杰、淩鴻勛、傅斯年、董作賓、吳敬恆、李濟、李先聞等九人，旅居美國的則有陳省身、李書華、胡適之、蕭公權、趙元任、李方桂、袁貽瑾、吳憲、林可勝、、陳克恢、汪敬熙和吳大猷等十二人。民國四十六年四月第一屆院士第二次會議在台北召開，國外回台赴會者卻只有李方桂、蕭公權和吳大猷三人。當時吳大猷目睹台灣學術極為微弱，於是提議中研院建議政府擬訂「國家長期發展學術」方案。同年秋朱家驊辭去中研院院長，由胡適之繼任，翌年胡適之由美返台就職，並囑吳大猷擬出有關發展科學建議方案，隨後並獲得當時行政院長陳誠及教育部長梅貽琦的支持，成立「國家長期發展科學委員會」，由胡適之及梅貽琦兼任主任委員及副主任委員。

可是當時因政府財政困難，只能以公營事業的一部分盈餘和美國

少許的補助爲經費，民國五十二年後經費略增，並陸續推展「長科會」的練習措施，「客座教授」及「研究補助金」也先後成立，國外學人返國服務的人數也逐年增多，台灣學術人才基礎的奠定，胡適和吳大猷之功不可沒。

十年來的耕耘

民國三十七年，中研院隨政府遷台後，陸續經過數位院長的精心耕耘，不到數年間，中研院的學術地位已逐漸受到國際的肯定和支持。民國五十二年二月胡適逝世，王世杰繼任院長，翌年並向美國國家科學院提議成立中美科學合作委員會，雙邊建立對等機構，每年輪流在台北及華盛頓舉行聯席會議，促進兩國科技合作。這項提議隨後經過美方同意，翌年，中研院獲得「中美基金會」一億元（分四年）的

補助，成立物理、化學、數學、生物及工程科學等五個中心，但事實上，民國五十一年時，中央研究院物理研究所復所時，早已將研究設備置於清大，並與清大、台大合聘研究人員，這是早期我國學術合作觀念的一大突破。

民國五十三年，陳省身也相繼建議台大、中研院及清大三家的數學研究所成立一個數學中心……此外，吳大猷也於民國五十五年，向政府提議，設立海洋研究所，此案直至民國五十七年在科導會擬訂科學發展計畫中，決由國科會制定預算，支持台大成立「海洋研究所」。

其實，自政府播遷來台後，吳大猷已相當重視國際的科學發展，民國五十二年十二月中旬，他由美返台，隨即寫了一篇「由中研院恢復物理研究所談到我國的發展科學研究」的報告，內文中略述復所的初期方針，以及對「科學研究」等方向的看法。他提出，若要改善教

學和研究工作，最重要是設法招募出國研習已有較深經驗的青年返國工作，其次是設備、經費，以及研究人員待遇問題。對於上述的提議，在他離國前，曾面見王世杰院長、台大校長錢思亮及清大校長陳可忠，商定三機構在延聘人員購置設備等方面的合作原則。後來政府也十分贊同吳大猷的提案，同時特將原列預算增爲每年二百四十萬元，不到七、八年時間的努力，清大研究所不僅有「原子爐」，「范氏加速器」，另外專研的教授、助教、研究生也增加了許多，台灣的學術風氣也因此日漸興盛。不久，吳大猷又徵得王世杰院長和清大校長陳可忠的同意，擬以清大已有的范氏加速器爲基礎，在中研院物理所的全年經費二百四十萬元的克難情況下，展開低能原子核物理的研究工作。

十餘年來，中研院除了培育出不少各學門的高級人才外，同時也爲我國在國際間的科技水準樹立起一個良好的基礎，於民國五十年至

五十九年間在王世杰任內成立了物理、近代史、民族、動物及經濟各研究所，及美國文化及生物化學兩所籌備處。民國五十九年由錢思亮繼任院長，於六十年至七十二年間，成立了美國文化、生物化學、三民主義、地球科學及資訊科學等五個研究所，後來再規畫原子與分子科學、生物、醫學、統計學及分子生物學綜合研究室籌備處。民國七十二年，吳大猷主持中研院後，成立分子生物、原子與分子科學及中國文學哲學三個所，至今中研院共有十八個研究所及四個籌備處。

不過在中研院的發展過程中，經費、人力及設備的不足仍是一大因素，因此在民國六十七年的院士會議中，諸多院士即建議中研院作一個「五年發展計畫」，後經總統府核准後於七十年開始實施，目前中研院已在進行「第三個五年發展計畫」中。

初次接觸中研院

吳大猷和中研院的接觸應追溯到民國二十八年他在西南聯大教書時，當年北大爲舉行四十週年校慶，特地邀請學校教授撰寫論文，吳大猷便決定就有關於多原分子之結構及其振動光譜的研究領域，寫一本專書，所需的科學期刊，只有由上海遷來昆明的中研院化學研究所才有。這所研究所位在小東門，沒有書架，一般書籍都放在箱子內，要查任何資料，必須翻箱倒櫃，麻煩無比，不過當時所幸有所長吳學周的幫忙。這是吳大猷首次和中研院的接觸。

後來吳大猷所著的「多原分子的振動光譜和結構」一書，於民國二十八年榮獲中研院丁文江學術獎金。又吳在密西根大學時，和S Goudsmit 教授發表過一篇有關於日冕的光譜理論，於是抗戰遷昆明

的中研院天文研究所所長張鈺哲特地聘請他爲兼任研究員。而吳於民國三十年夏，又有一篇論文，建議天文研究所於日全蝕時觀察日冕光譜的偏光度。

被邀聘主持物理研究所

民國三十四年日本投降後，軍政部部長（後改國防部）陳誠及次長俞大維透過曾昭掄，邀吳大猷和華羅庚去重慶，商議國防科技問題，希望他們兩位能爲軍政部計畫一些科學工作，吳大猷當時便向陳誠和俞大維建議，若要建立國防科技，必須從根開始，且初步是選派物理、化學、數學等方面的優秀年輕人才出國研習觀察。這項提議隨即獲得軍政部的採納，並邀請吳大猷、華羅庚及曾昭掄三人推派人選，最後物理部門吳大猷就選上李政道和朱光亞，數學則選有孫本旺、化

學有王瑞駪、唐敖慶等五人。

在出國前吳大猷便爲五位講授近代物理，又將由當初美國送給我國軍政部，再由俞大維轉給吳大猷的「士邁士報告」（係詳述美國發展原子彈的經過，僅有一冊），分成五份交給五位翻譯成中文，而由吳大猷校閱修改，成稿再呈給軍政部。

吳、華、曾等受軍政部所託，率五人出國，但在出國前，吳又得教育部長兼中研院院長朱家驊之命，派他代表中研院和教育部往英國倫敦，參加皇家學會所補辦的牛頓三百歲誕辰慶祝大會。朱同時邀他主持中研院物理研究所，可是吳大猷認爲已被軍政部所聘，在公事方面必須爲政府做點事，在私方面可藉此機會再爲自己做充實，從兩方面的考慮下，吳大猷才予婉拒。

同年九月，吳大猷至紐約時，即得朱家驊透過我國駐美大使館轉來的電報，內容是：「請即譯轉吳大猷教授。本院物理所務亟待主持

，吾兄何日返國就任所長，盼即電復。」，吳大猷收到這封電報後，深感軍政部所交予的任務尚未達成，加上阮冠世又臥病在醫院，因此對朱家驊誠懇之邀，仍再予婉謝。同年十月吳大猷寫信向朱家驊致謝，後來直至民國三十七年當選第一屆院士，中研院才再和吳大猷接觸。

謝辭中研院院長之職

民國五十一年二月二十四日，中央研究院舉行第五次院士會議，會議結束後，並在下午四點舉行茶會，院長胡適之與吳大猷、李濟之及淩鴻勛等人談話後，因有人提及胡適之被某些人「圍剿」一事，當時他情緒稍有激動，在散會與人握別時，突然心臟衰竭倒地去世。

按中研院組織法的規定，院長的產生應由評議會選出院長候選人

三名，再由總統選任之。胡適之逝世後數天，王世杰即邀吳大猷去謁見當時的副總統兼行政院長陳誠，陳誠希望他主持中研院，吳即在一張紙上，將自己長短處列表出來，表示自己不能勝任。在四月十日，評議會仍選出吳大猷、朱家驊及王世杰三人爲院長候選人，呈報給蔣中正總統。

四月十一日，吳大猷接到蔣夢麟及劉鍇（我國前駐加拿大大使）由台來的電報，其內容爲：「請譯轉吳大猷先生。中研院候選人，先生以最多數當選。總統屬意先生，期望甚切，各方面亦認爲先生爲最適當之人選，均熱望先生同意擔任。即盼電復，以便轉告。評議會臨時主席蔣夢麟。十日。」另一封則是：「（急）轉吳大猷先生。夢麟先生十日電計達。總統屬意甚殷，倘大駕一時不能回國，中樞可覓人暫代，此事前曾與兄談及。回國後深知各方期望殷切，請迅決定後電復。弟鍇。十一日。」

吳大猷收到兩封電報後，隨即給蔣夢麟回電，內容是：「請轉中研院蔣夢麟先生。來電敬悉，大猷雖從事研教若干年，但所習甚偏，治事尤無能力經驗。中研院長位高任大，自審才力實不能勝此重任。個人方面，亦有若干問題，詳情現請毛子水兄轉達。茲以至誠，乞先生及評議會諸公賜予諒解，並在總統前代爲婉謝爲感。後學吳大猷。」

胡適之

提到胡適之和吳大猷，許多人都知道他們是享譽國際的學者，也都知道他們都擔任過中研院院長，但卻很少人了解他們有「徒孫」間的關係。

事實上，當年在南開大學教授吳大猷物理的饒毓泰教授，便是胡

適之在上海公學的「學生」（饒毓泰和胡適之同時在上海公學求學，但胡適之以高班生資格兼教饒毓泰班的英文課），所以後來胡適之常說，饒毓泰是他第一位博士學生。

吳大猷和胡適之的初識是在天津南開大學饒毓泰的家裏，當時吳大猷還是個學生。後來直到一九三四年至三七年間，吳大猷返回北大任教，偶爾才在教授會或聚餐會中相遇，抗戰勝利後，吳大猷出國，胡適之返國接掌北大，此後一段時間雖在國外偶爾相見，但都是短聚，真正熟稔還是在一九五八年胡適之返台接掌中研院開始。

在這段時期的前後，政府正當積極籌畫推展各項科學措施，兩位爲了培育台灣下一代學術人才，先後向政府提議成立「五年計畫」、「國家長期發展科學委員會」等具體方案，對我國的科學發展及培植科技人才有著深遠的影響。

吳大猷和胡適之雖是「徒孫」關係，可是胡適之卻從未對其說過

「徒孫」輩的話，反而在屢次通信中仍客套到以「弟」自稱，其中有幾封信即可看出他們師友之間的情誼和當時對國家的關切。以下是胡適之寫給吳大猷其中的一封信：「大猷兄：謝謝你的信及建議草案！因爲你未留底稿，所以我複寫了一份寄給你，稿中有幾個字，顯是筆誤，我在複寫時已僭爲改正，不知有改錯的嗎？此議重心在兩點，㈠是政府必須表示有決心。㈡是必須從『奠定科學基層』工作入手。這都是我極贊成的。我 Sept 1947，我在國內發表了一篇文字，題爲『爭取學術獨立的十年計畫』。主旨是要政府在第一個五年內全力培植五個最有成績的大學，使他們成爲第一流的學術研究機構；到第二個五年，可以加上五個大學。十年的光陰過去了，想起來真可惜！十一年前，我可以說，用全力培植五個大學。現在只能說，『用全力培植一個大學』，使他在五年內做到你所謂『國家學術的存在處，國家 Brain Power（智慧力量）之源』，使他能夠『奠定學術層』。我四月二日起

飛，四日在 San Fancisco 起飛，在東京稍休息，八日下午飛到台北。我此行不作久居計，只擬作一個 Survery（考察），看看政府有多大『了解』，有多大『決心』。五月底或六月初，我就想回來度過夏季。暫別了！敬祝你一家平安。弟適敬上。」

錢思亮

錢思亮和吳大猷在二、三十年代間，曾被喻之爲化學及物理的兩大「奇才」，巧合的是，他們皆是出自於南開中學的同學。

民國十四年，吳大猷以高二的資歷考取南開大學，起初讀礦科，翌年改習物理。錢思亮則以民國十六年畢業考取清華大學，習化學。民國二十年他與張茲闓（錢思亮的內兄）巧遇，和吳大猷同船由上海赴美深造，錢思亮進伊利諾大學，吳大猷則入密西根大學。在美國求

學期間，他們已經常聯繫，有一年冬天的星期日，錢思亮去看吳大猷，兩人相見甚歡，吳大猷爲了要盡地主之誼，臨時買了一隻雞，並由同學翁元慶掌廚，可是在雞肚未剖開前，他即將整隻雞連腸帶屎的煮了進去，等大家吃完時，才發覺鍋底有砂子，原來大家都已吃了不該的東西，這時錢思亮吃了之後，也尷尬得說不出話來。

後來他們先後取得博士學位，並被選爲美國 ρhi βeta κappa 名譽會員（該會成立於一七七六年，若干大學於每年畢業班中選出成績最優者數名，授予會員資格，所以能被選入會者，在美國則是一大榮譽），他們隨後於民國二十三年同時返國任教北大，當時吳大猷、錢思亮、孫承諤（化學）及程毓淮（數學）、等四人都是北大理科最年輕的教授（平均在二十六、七歲），在教學觀念及研究工作上頗有「少壯」風範。

民國二十六年抗戰興起，政府在昆明成立西南聯合大學。首兩年

，錢思亮也經常和北大的陳雪屏、南開的劉晉年、清華的陳省身、湯佩松、蔡方蔭及邵循正等幾位教授到吳大猷的家裏玩橋牌，後來在民國二十九年，錢思亮的父親在上海被僞敵刺殺身亡，他回赴上海奔喪，即未返回昆明，一直到民國三十五年才在上海相見，但沒想到這一見，卻相隔了十年後才在台灣重聚。

錢思亮一生奉獻於學術，自從事教學、研究及任職台大校長、中研院院長，共計四十九年時間，其爲人謹慎、忍耐、心細、認真，而吳大猷對人事則容易表現於臉色，且對繁瑣之事沒有耐心，容易急躁。不過他們最大的相同點是對學問的尊重和執著，沒有個人私心和政治慾望。

在吳大猷所著的文選裏，曾對錢思亮有這樣的描繪：「他從學生時期始，便不是一個華而不實，或時下膚淺之輩所譽爲『才子』型的人。他任台大、中研院三十餘年期中，信守學術的尊嚴的基本原則，處

事絲毫不苟；不屈於外力，他從來不倡時髦而膚淺之議取寵於衆；從不冒充內行；他待人公平不苟，從來不營私植黨；不阿諛；不邀功。」

兩封聯名推薦電報

民國七十二年九月十五日，錢思亮病逝於台大醫院。依中央研究院組織法，中央研究院長辭職或出缺時，由評議會選舉院長候選人三人，呈請總統遴任。錢思亮逝世次日，中研院評議會祕書阮維周即公佈，評議會將聯絡國內外評議員，召開補選中研院院長候補人會議。

就在這同時，一封遠自美國東部，由二十四名旅居美東地區的中央研究院院士聯名發出電報給當時的代理院長韓忠謨，電文內容是：「我們這些中央研究院院士對於錢思亮院長去世感到悲傷，對於提名

與選擇新院長深感關切。繼任人選應該是曾對國家及中研院有卓越貢獻，是國際間承認的人文及醫學科學方面世界級學者；而且可以領導中研院相當一段時間，如五至十年的人士。

「我們希望提議的夠資格人選爲康乃爾大學教授蔣碩傑，羅契斯特大學教授余南庚。他們均表示，他們如被考慮爲三名院長候補人之一，是至高的榮譽。我們了解提名的責任在於評議會，不在於中研院院士，但身爲院士，我們希望表達我們的關切，並以私人及非正式的身分提出建議。我們很感謝你們考慮此事。」

底下聯名的院士有：陳榮捷、張伯毅、錢煦、鄒至莊、周元燊、費景漢、何潛、許倬雲、黃周汝吉、顏應昌、勞榦、李遠哲、劉占熬、劉廣京、艾世勛、沈申甫、竇祖烈、曹安邦、王倬、王瑞駪、梁棟材、吳瑞、余英時、袁貽瑾。

這封電報雖表示是非正式的私人立場，但對當時院長候補人選舉

制度可說是一大考驗，而這也是中研院成立五十年來的先例，所以不免引起國內院士及評議員間持著不同意見的反應。有些院士認爲，這種方式可以避免具有政治色彩的人士擔任院長，也有人指出，中研院是全國最高學術單位，選前公開推薦有失公平，並容易造成混淆現象。

代理院長韓忠謨又收到一封七名旅美院士聯合推薦吳大猷和蔣碩傑的電報，該七名院士分別是：李政道、楊聯陞、鄒至莊、鄭洪、吳大峻、項武忠、韋潛光等七人。

後來，爲了阻止在選前有「拉票和製造個人形象嫌疑」，韓忠謨經過深思熟慮後，並未在二十一日選舉前公佈後一電報內容，直至二十一日選舉結束後，始透露之。

高票入圍當選院長

十月二十一日，出席評議會的評議員共有四十一位，當天除了王世中、羅雲平兩位因病委託鍾皎光和閻振興投票外，旅居國外的評議員中，樊璣則委託高化臣，另外再扣除蔣碩傑和王兆振，實際投票爲四十五人，若要當選院長候補人，則必須獲得評議員半數以上的票。

第一次投票，依照規定每位評議員最多可填寫三名，開票結果，吳大猷獲得四十票，也就是說除了五票沒投他外，其餘評議員都支持他，因此吳大猷以高票當選第一候補人，在吳大猷之後有閻振興十八票、余南庚十五票、蔣碩傑十三票。

吳大猷當選第一候補人後，按照規定必須再繼續投票，直到選滿三人爲止。第二次投票，每位評議員最多可填選二名，開票結果，閻

振興獲得二十三票，剛好超過半數，成爲第二位候補人，其後有余南庚二十一票、蔣碩傑十三票。

第三次投票則每位評議員只能填寫一名，余南庚仍得二十一票，因票數未超過一半，所以必須再選。第四次投票，余南庚最後以二十四票，成爲第三位候補人。

三名候補人產生後，蔣經國總統於十月二十四日下午發佈命令，特令吳大猷爲中央研究院院長，正式成爲中研院第六任院長。

上任後的幾項創舉

主掌中研院後，吳大猷便積極促進中研院與大學間的學術交流，同時引入研究人員續聘和升級的評審制度，並在各研究所設立「學術諮詢委員會」，這幾項重要措施，當時均受到各界的極大好評和肯定

。

吳大猷認爲，中研院的組織，如果沒有大學學生的新血輪和人力，在研究工作上，就有如軍隊有將無兵，故在評議會建議，中研院的研究人員可以和大學合聘，如此可以使研究生得到中研院師資及研究設備的幫助，而中研院的學者也有教導學生的機會。這項措施自推展以來，目前已有數所大學，約一百多位研究員和中研院採用此種合聘方式。

此外，吳大猷並陸續在中研院各研究所增設「學術諮詢委員會」，由院方聘請國內外學者組成，其任務是與研究所內人員檢討，建議學術方針、重要研究計畫與國內外合作事宜，這是中研院主動出擊的一大措施。

在預算方面，吳大猷認爲過去中研院的預算都是經總統府、行政院至立法院，當中過程，中研院從未有解釋院方計畫方案的機會，有

鑑於此，他便在民國七十七年向李登輝總統陳述此種情形。近幾年行政院在編訂中研院預算時，都會邀吳大猷、總幹事和會計主任，參與商討，這也是中研院成立五十年來的改進點。

除此之外，修訂中研院組織法也是吳大猷任內的一大突破，他以兩年的時間，與總幹事韓忠謨（法學專家）和評議會小組研討組織法修訂，後經評議會通過，送呈總統府，由總統府送行政院，再轉立法院，經立法院三讀通過，由總統府於七十五年一月二十四日公佈施行，這是中研院組織法制訂六十一年來頭一次的修法，頗具有歷史意義。

吳大猷自接掌中研院以來，一直在力求改善中研院的環境，例如研究設備、學術風氣及建立公平公正的人事制度等，他曾在接受媒體訪問時說，各方的建議，中研院大都想過，許多能做的、該做的，中研院都在做。但是，最根本的問題是，在學術上，待遇平頭主義如不

打破，則學術水準的權威也就難以建立，因此他認爲薪給應視學術成就和能力而定。在修訂的組織法中，中研院沒有「特聘研究員」，其待遇是按「成就」而定的。這項待遇是我國學術制度的創舉。

榮獲菲律賓麥格塞塞獎

菲律賓的麥格塞塞獎有「亞洲的諾貝爾獎」之稱，一九八四年八月，菲律賓麥格塞塞獎基金會公佈，吳大猷博士因籌畫中華民國科學教育及增進科學發展有特殊貢獻，特地頒予此獎。這是國際上對他多年來奉獻學術的一大肯定。

獲獎的當時，吳大猷因內耳平衡失常、頭暈嘔吐，正在台大醫院休養，只好請沈君山代爲領獎。一向不重名利的吳大猷得知自己榮獲此獎後，並沒有顯得特別興奮和意外，他只是直率的說：「爲自己國

家盡心力，而獲他國頒獎，心裏總覺得有點不自然，不過得不得獎，我都會繼續做下去。」

今年八十五歲了，記憶力驚人的吳大猷似乎什麼都記得，但是問到他得過多少獎時，他愣了一下回答說：「太多了，連我也記不得，不過這些獎都沒有多大意思的。」而事實上，吳大猷並不太重視這些象徵，民國七十五年，吳大猷寫了一本有關古典力學的著作，在學術界頗受讚譽，新聞局頒給他一座金鼎獎和一紙獎狀，不過當時吳大猷並不在國內，等他返國看到獎狀時，他便隨手從桌上拿起毛筆，並在獎狀上的「查吳大猷君」的「君」字圈起來，旁邊寫上：「連稱個先生都不懂！」最後的「以玆鼓勵」也被改成「以資侮辱」。他說：「若沒有能力來評審我的著作，又有什麼資格來頒我的獎？這實在沒有多大意思！」

有一天，吳大猷從冰箱拿出一盒核桃，東走西走，找不到錘，正

好他看到小茶几上的那座「金鼎獎」，於是他便把「金鼎獎座」當成「開核桃錘子」，當時在旁觀看的人還大表「不可思議」。

北平年會的折衝

一九八八年間，「國際科學會聯合總會年會」（ＩＣＳＵ）在北平召開，這是一項國際性的科學會議，攸關我國在國際間的科學接觸和交流。因此該會的會長、祕書長及關心我國的國際科學組織人士，先後以電報、電話、面談及間接傳話方式，邀請我方務必派員出席。

但未料二月間，行政院卻以「國策不符」，不許中研院派員赴會，吳大猷認爲事態嚴重，於是親自寫信給李登輝總統，信中强調，ＩＣＳＵ大會只有「會員」可派代表出席，而中研院是會員，應可派員參加。另外，中研院雖是官方機構，但赴該會的代表，既不代表政府，

也不與中共做任何政治性接觸，所以不牴觸「三不政策」，相對與「大陸政策」無關；若我方缺席，可能造成對我方會籍的影響，間接禍延我國所有科學學會在所參與的三十三個國際科學組織的會籍問題。

六月後，吳大猷再向李登輝總統重述此次出席大會的重要性，最後經過數月的折衝，行政院於八月終於同意，認爲不違背政府的「三不政策」，可由民間組織派人赴會。

雖然出席該會的問題已獲得解決，可是此次的經過，因國際媒體的大肆報導，已使得政府形象嚴重受損，同時也讓關心我國科學發展人士大爲失望，這是我國加入ＩＣＳＵ以來最大的一次衝激。

事實上，吳大猷過去曾先後五次率團出席ＩＣＳＵ大會，當時正逢我國退出聯合國之際，在國際間醞釀排我容共的壓力下，吳大猷憑著個人的智慧和學術界的良好形象，在五次大會期間內外折衝，不僅保有我方的會籍和權益，而且更贏得國際科學界對我國執著於科學推

展的讚譽。

對於此事件，事後吳大猷仍在民國七十七年所發表的一篇文章中提到：「政府及社會人士在未明瞭事情前，即將一個單純性的特殊事件，和『大陸政策』捆成一團，然後費盡許多人的心力時間，企圖解開無數的一層一層的結。……例如若干報紙予人的一個印象，是我堅持由中研院派人出席。實則ＩＣＳＵ規定只有會員可派代表出席，而我們只有一個中研院係會員，只有代表中研院的代表可出席，非我爲中研院爭也。」

榮獲密大榮譽博士學位

一九九〇年十一月，吳大猷先後接到密西根大學物理系教授吳期泰和該校校長 James J. Duderstad 來函，表示學校及董事會通過，

將於隔年（一九九一年）的五月四日授予榮譽科學博士學位給他。

這項提議是由密大機械工程系講座教授、中研院院士吳賢銘發起的，後來得到校內外多人的支持。在授學位的前一天，該校的物理系和李政道和楊振寧特地舉辦一項研討會，稱爲 The Ta-You Wu Symposium（吳大猷研討會），該研討會在法商學院禮堂舉行，首先由物理系主任Homer Neal致詞，隨後再由楊振寧以照片若干幅介紹吳大猷的一生，並邀吳大猷講述他在密大的回憶；在此同時紐約市立大學的章義鵬教授即代表海外中國物理學聯會頒給吳大猷一面紀念牌。

此時被邀請作物理學講演的有黃昆（題目爲 Effects of Heavy and Light Hole Mixing in Quantum well Physics）、朱經武（題目··High Temperature Super Conductivity: Four Years Later）、李政道（題目··Physical Vacum and Relativistic Ion Collisions）、丁

肇中原訂講 High Energy L_3 Experiments at CERN，但因事不能列席，其演講則改用圖片寄來。當時聽此演講的人達到三百五十餘人，但站立者更多，而遠自水牛城來的教授有李榮章、高亦涵、林多樑。麻省理工學院的有鄭洪。約翰霍普金斯的曹安邦、Walter Kohn 等人。

會後的午餐在一家中國餐廳舉行，參與人數數十人，餐後在物理系圖書館，由吳賢銘的好友 Dwight Carlson 捐贈二萬元美金給該圖書館，並在館內陳列吳大猷所著的十餘冊書，物理系同時也將吳大猷在一九三三年的博士論文紀念冊送給他（當時吳大猷的博士論文只打字三、四冊，全部繳給學校，自己並未存底）。

晚上七時，密大校長特地宴請五位榮譽博士學者及他們親友和學校首長等百餘人，當時我國駐美代表丁懋時也被邀，他和吳大猷分坐在校長的左右。餐畢由司儀分別介紹五位受榮譽博士學位的學者，並授予銅面牌狀的「文」憑，隨後五人各致答詞。吳大猷則說「……我

在密西根，所得不僅物理學訓練而已，我更得知密校物理系何以於短短的數年建立了在原子、分子光譜兼理論和實驗的重要地位，Randall 教授的延攬年輕物理學者及優異的休假進修政策、暑假研討會籌設，和他個人積極而毫不自私的人格，影響我一生甚大，此次密校授給我殊榮，我感到意外，不敢當，但亦使我極愉快，可得有機會，在此表達我對密校師友誠摯的感謝。」

布希夫婦蒞臨會場

五月四日星期六，當天正逢密西根大學舉行畢業典禮，由於美國總統布希及夫人均將接受榮譽博士學位，爲安全需要，儀式臨時改在足球場舉行，時間也縮短成一個小時。

十一時前數分鐘，布希總統與夫人乘坐直升機抵達會場，經過一

番嚴密的戒備後，凡同坐在台上的人，均須步經一個測金屬儀器，後入等候室。布希夫婦到達會場後，則先站在門外，等候五位獲得榮譽博士的學者，個別的走出門口和他們夫婦握手道賀、拍照後再返回等候室，然後布希夫婦再步出台上與五位學者一起就座。

此時，每位受學位者都由一位校董宣讀介紹詞，吳大猷的介紹詞爲：「對於提升中國大陸和台灣的物理學到目前的水準，吳大猷較任何個人更爲有關。……吳博士個人的有意義研究，涵蓋一不尋常的領域範圍，由原子物理至天文物理，他早年對重原子的研究，指出『鈾外元素』的可能性，爲此重要領域奠基。他的專著『多原分子的振動光譜及結構』，雖出版於四十年前，目前仍爲一手冊。……在科學政策方面，吳博士在台灣建立了國科會，於一九六七至七三年間爲其主任委員；由該機構，他擬訂科技政策，引致台灣的經濟和工業發展。他自一九八三年始，任中研院院長，該院乃台灣的最高學府，有逾百的

學者和從事各主要科學領域的研究室。這職位使他成爲台灣的基礎科學政策的主要制訂者……。」

該典禮結束後，密大教授易家訓並款宴二十餘位出席該會的教授，當中有密大政治學教授兼中國研究中心主任Michel Oksemberg、歷史教授Albert Feuerwerker、已退休的社會學教授Ronald Freedman、社會學教授兼代人口問題中心主任Albert Hermalin、中國語言及文學院教授林順天等人。他們均向吳大猷提出密大和中研院做學術交流的種種問題，這是吳大猷除了獲得榮譽博士學位以外的另一收穫。

四十六年後首次赴大陸

民國八十一年五月十七日，吳大猷首次率同清大教授閻愛德，中

研院物理所李世昌、鄧炳坤，台大物理系教授黃偉彥和中央大學物理系林宗泰等五位台灣物理學者，赴大陸參加在北京及天津所舉行的數項學術會議。

闊別大陸四十六年，對於即將要踏上彼岸的心情，吳大猷仍以平常心說：「純粹是以物理學家的私人身分到訪，心情和平時並沒有什麼不同。」

雖然吳大猷如此的表示，但中共仍給予相當的禮遇，當吳大猷抵達北京機場時，中共中國科學院院長周光召、中國物理學會主席黃昆（吳大猷的學生）、北大副校長陳佳洱、沈克琦、北京高能物理研究所副所長鄭志鵬、中國科學院與北京科技大學合辦的研究生院副院長湯拒非等人皆到機場迎接，並安排下榻北京著名的圓明園達園賓館。

北京是吳大猷一生最喜愛的都市，重返這懷思之地，不免讓他回顧起當年的許多往事和舊友。北京、天津之行，他除了參加學術會議

、訪故友之外，還有一項正式的中研院院務工作，那就是會晤九位民國三十八年在大陸選出的第一居院士，這九位院士分別是嚴濟慈、趙忠堯、蘇步青、俞大紱（俞大維之弟）、黃汲清、湯佩松、馮德培、殷宏章和貝時璋等人，其中的嚴濟慈目前已九十二歲，馮、殷、蘇在上海，俞身體欠安，皆未得見。

吳大猷在大陸期間還參觀中共中國科學院北京正負電子對撞機實驗室，這座對撞機的建造完全由中國大陸自行負責，自一九八四年起，總共花費四年時間完成，經費八千萬美金，其研究成果，具有世界一流的水準，曾協助這項研究的李政道博士則說：「這是今年粒子物理研究上最大的貢獻。」原本對撞機是不可隨意停機，但爲了吳大猷等人的參觀，早上四點工作人員即關掉電源，等吳大猷一行到達時，實驗室工程部負責人王津還特地將吳大猷安排過去中共領導人鄧小平、趙紫陽、李鵬等人走過最省力的路線，當時陪同吳大猷參觀者除了

李政道外，中共高能物理研究所所長方守賢、中共國務院航天工業部長林宗堂等人也在場作陪。

大陸之行獲得肯定

吳大猷的大陸之行被稱之爲兩岸物理界的一大盛事，同時也因他邀請中共中國科學院學部委員來訪（談家楨、張存浩、盧良恕、吳階平、鄒承魯、李林及復旦大學校長華中一），使得隔絕四十餘年的兩岸學術交流有著關鍵性的突破。

其實，這第一批受邀訪台的大陸高級科學家能順利成行，除了吳大猷的「邀請」外，清大教授沈君山及諾貝爾獎得主李遠哲等人，也付出不少的心血，尤其李遠哲更在四月七日寫信給教育部長毛高文，四月九日致總統府發言人邱進益，及四月二十三日致李登輝總統的傳

真信函，由這些現象顯示了李政道的一句話：「中國人的前途最重要的是要團結起來，只要力量能結合，中國的前景才可觀，而這也是我與許多海內外中研院院士努力促成兩岸學術交流的出發點。」

「此次大陸之行，只以一個物理學者的身分去而已，除了開會，會見老友、親人，未參加任何政治性的活動。」在出發北京前，吳大猷坦然的道出心中想做的事。

在「當代中國物理學家聯誼會」到者三百餘人。在攝影前後，吳大猷雖與江澤民、楊尚昆等中共中央領導人寒暄，可是吳對於此事仍淡然處之，他說：「這並不是太值得注意的事，大家見了面客客氣氣打個招呼就是了，我未作任何有關兩岸問題的談話。」

對於吳大猷這次開闢兩岸學術交流的創舉，現在執教於美國大學的中國大陸民主鬥士方勵之乃公開表示肯定的態度，他說：「中央研究院院長吳大猷訪問北京，對促進兩岸自然科學交流有積極意義，也

是促進中國統一必要步驟。」

榮獲北大榮譽教授和南開名譽博士學位

吳大猷抵達北京的第六天，北京大學爲表達四十年前他執教於北大物理系時，積極推動科學研究，使北大物理系在當時國內的原子、分子光譜實驗研究方面，獲得極高評價所做的貢獻，特地頒贈「榮譽教授」證書給他。

頒贈典禮在北大電化教育館舉行，由校長吳樹青主持，應邀觀禮的著名學者有地理學家侯仁之、化學家唐敖慶、經濟學家陳岱孫等人。中共國家教委副主任、中共中央委員朱開軒、中科院長周光召、物理學家、前北大校長周培源及多位北大副校長也都列席。

中共中國物理學會主席黃昆、中國科協主席朱光亞及李政道等人

，先後都以吳大猷的學生身分發表致賀。李政道則說：「他今天在物理界的成就，首先要感謝吳老師。」隨後他並拿出一些幻燈片向會場人士介紹吳大猷的一生，同時有感而發的寫了一首詩：「吳仰清高，如雲如山。北大執學，已逾半世。名學成就，衆所敬仰。教授弟子，全球皆是。」這首詩最上四個橫字即爲「吳北名教」，實爲實至名歸。

六月五日，吳大猷回到母校南開大學，接受頒授名譽博士學位的榮譽。這項頒授典禮是在南開大學太極形象建築東方美術樓舉行，南開校友的數學大師陳省身夫婦、吳大猷的學生楊振寧、在南開的堂弟吳大任，以及與吳大猷數十年未見的老友和南開大學多位學部委員、中共國家教委副主委滕藤均列席此盛會。

典禮由校長毋國光主持，他並將吳大猷在一九二九年以理科第一名畢業的成績單送給他做爲紀念，此成績單有英文、算學、物理、氣

象及體育等科目的成績，而大多數是+A或A，最差也有+B。

楊振寧在典禮演講中，還特別推崇他老師的博士論文的創獲性，他在西南聯大受吳師引他入對稱性和羣論，對他後來的工作有重大影響。

對於別人一再對他的誇獎和讚美，吳大猷謙虛的說：「我由南開中學、大學及至南學教書，一共在南開待了十年，若再加入西南聯大七年，總共也有十七年時間，但對母校並沒有多大貢獻，今天學校給我這項榮譽，我很高興，又感到慚愧，因爲聽到典禮中許多人說我好話，我不敢當，感覺上說的好像不是我……。」

學然後知不足

「學然後知不足」，吳大猷以這句話做爲結束他二十六天大陸之

行的心得。

向來不愛說討人喜歡的話，也不怕得罪別人的吳大猷，比較過大陸的學術研究後，他語重心長的說：「我感到台灣的科學成果不知從何說起！」他說，在大陸他碰到四十年前在倫敦遇見過的王大珩，他是一位光學專家，目前已經退休，不過他出示給他看的幾十年工作成果的照片，當中包括各種光學儀器、雷射應用都是具有國際水準的成就，另外他還舉例說，大陸的中國科學院高能物理所的「北京正負電子對撞機」，有關TAU粒子質量的測量準確度上，已有超乎國際水準的成績。他說：「外行人看這些，覺得高深莫測，內行人看了，就知道意義何在，看看別人，才知道自己站在什麼位置，大陸知道什麼地方要做，要怎麼做的，反觀我們的基礎科學，不如大陸……」

提到較抽象的兩岸「學問」問題時，吳大猷則說：「什麼是學問？拿很多錢買儀器給人看，這不是學問。儀器設備要有人用，做出

任中央研究院院長

有意義的工作，買書比別人多，設備比別人好，不代表比別人有學問，這件事我已說了將近有二、三十年了，今天我們請人家來，但有什麼成果給人看呢？我不知道。」

對於未來兩岸的學術交流，吳大猷仍坦然的說：「談交流不是空談濫調，而是雙方面都要有意願，然後訂出政策，再研商定具體方案，才有真正的交流，我以爲目前我們三者都未具備。」

吳大猷大陸之行後的諸多感言，已爲國內科學界造成一陣旋風，說嚴格點即是當頭棒喝，不過吳大猷仍不介意會招來不同的聲音，他說：「我說的話都是真的。」事實上，自吳大猷主持中研院以來，他就疾呼改善科學發展政策，但因受到諸多因素的影響，至今已年邁八十五歲的他，雖然是心有餘，可是似乎力已不足了！

民國 37 年（1948 年）中央研究院第一次院士會議于南京召開。前排右起第二人爲饒毓泰、李書華、胡適、王寵惠、朱家驊。

民國七十一年（一九八二年），中研院第十五次院士會議，左起第六人爲吳大猷。

民國 46 年（1957 年）4 月，中研院第二次院士會議召開。前排左起爲張其昀、陳誠、蔣總統中正、張羣、朱家驊；後排左起爲董作賓（？）、李方桂、劉眞（來賓）、陳大齊（來賓）、凌鴻勛、王世杰、蕭公權、李先聞、吳大猷。

民國 61 年（1972 年）五月，美國總統科學顧問 David 博士來訪，後爲 F. Seitz 博士，由吳大猷接待。

民國 55 年（1966 年）中華教育文化基金會董事會年會，于 9 月 19 日攝於我國駐美大使館前。右起第二人爲吳大猷。

民國 80 年（1991 年 5 月 3 日）密西根大學授予吳大猷榮譽博士後與美國總統布希夫婦合影。

民國 80 年（1991 年 5 月 3 日）密西根大學授予吳大猷榮譽博士學位時的 citation。

Ta-You Wu

More than any other individual, Ta-You Wu is responsible for raising physics to its current level in both mainland China and Taiwan. While still a graduate student at the University of Michigan, he participated in the symposia that first brought quantum mechanics and nuclear physics to the United States. In turn, he carried this radically new physics forward in China.

Dr. Wu's own significant research spans a remarkable range of topics from atomic physics to astrophysics. His early work on heavy elements pointed out the possibility of transuranium elements and laid the foundation of this important field. His book Vibrational Spectra and Structure of Polyatomic Molecules, *although issued 45 years ago, is still used as a manual today.*

Yet it is chiefly for his extraordinary work as a teacher and scientific statesman that Dr. Wu has become known throughout the world. As a teacher in mainland China, the United States, Europe, and Taiwan, he has demonstrated a sure instinct for nurturing talent and has inspired, among numerous other prominent physicists, two Nobel laureates.

In the area of science policy, Dr. Wu founded the National Science Council in Taiwan, which he chaired from 1967-73. Through that organization he formulated the science and technology policy that led to Taiwan's economic and industrial development. Since 1983 he has served as President of Academia Sinica, Taiwan's highest academic institution, with over one hundred scholars and laboratories devoted to all major scientific fields. In that role he is Taiwan's primary policy-setter with respect to basic science.

Commending his exceptional influence as a science teacher and policy-maker, the University is proud to bestow upon Ta-You Wu its honorary degree,

Doctor of Science.

密西根大學在授榮譽學位典禮後，舉行的酒會。右一爲丁懋時大使，右二爲吳大猷，右三爲密西根大學校長 Duderstadt。

民國 80 年（1991 年 5 月 3 日）密西根大學物理系圖書館展出吳大猷所贈之著作。

吳大猷（坐輪椅者）與學生
李政道夫婦合影于北京天壇。

吳大猷（中立者）與學生李政道（右一），朱光亞（左一）合影。

民國 81 年（1991 年 5 月 9 日）于北平召開國際流體分子理論物理研討會，前排左起楊振寧、周培源、吳大猷、李政道。

民國 81 年（1992 年）2 月，吳大猷與俞大維先生合攝于中研院。

吳大猷談學術與人才

吳大猷認為，一個領導人才，除了在學做人上要有充分的熱忱外，更要能「識」人才……

第九章　吳大猷談學術與人才

一個學位，並不代表就是學者，只是在學校唸過書而已。真正的學者，他要成熟、見解高、有見識、知識既廣又博。

天才不等於人才

曾經有一家媒體對吳大猷的「天賦」開了這麼一個玩笑，它說，在世界上能拿到諾貝爾獎的人，智商平均都在一百六十以上，吳大猷的兩位得意門生楊振寧和李政道，若他們的智商有一百六十的話，那

麼吳大猷該在一百七十以上！

對於有人說他是「天才」，吳大猷則是謙虛的自承：「我不是天才，我只是屬於中上程度的人而已。」如何來論斷「天才」，吳大猷說，天才並不等於人才，而人才的工作也不見得只擁有天才的人，才能勝任，有些人自稱是某方面的「人才」，但實際上什麼也不懂，即使是懂，做起事來卻一點也不像「人才」的樣子，這種人則是假借人才的蠢才，最爲人所厭惡。

過去吳大猷在擔任國科會主委時，即强調人才的重要性，他常講，「人才」兩字是不能隨便亂用的，更不可隨意稱呼別人是「人才」，中國人有個愛捧人的毛病，那就是動不動就以「專家」、「學者」、「權威」、「大師」等字眼來代表一個人，事實上，在未明瞭一個人的背景前，這種稱呼很容易誤導別人，並非是美德，而是種膚淺愚昧的行動，吳大猷認爲，一個領導人才，除了在學做人上要有充分的

熱誠外，更重要的是，能「識」人才。此外，他也需要有深遠的眼光，能夠看得寬、看得深。雖然他不一定是位科學研究者，但對科學一定要有了解，並會欣賞，且對世界科學發展有相當的認識。

「培育人才」不是一句口號

吳大猷每次寫文章提到「人才」時，都不忘特別在其兩字加上引號，他認爲「人」才是事情成敗最重要的關鍵。

他說，教育的目的在培育「人」，從個人的觀點，教育的理想，是培育「完整的人」，但社會上似乎很少人真正認識「人才」的意義，只認爲一大堆有學識的人聚集在一起就是「人才濟濟」，擁有碩士、博士學位的人就代表「人才」，實際上這只是代表教育水準而已，與「人才」並沒有多大關係。

數年來投考國內研究所的人數劇增，但是研究生的基礎訓練多不扎實，對求學求知的原動力也不强。目前一些青年人求學的目的，都以將來的「出路」、「收入」爲優先考量，真正執著於學術研究的人恐是少數。

對於如此的學術風氣，吳大猷感慨的說：「培育人才不能只掛在嘴邊說，更是不宜玩統計數字遊戲，舉統計數字往往是躲避對實情做深入了解的懶方法，當前社會問題上有一個很嚴重的問題，那就是膚淺，許多人都喜歡高唱簡單化的口號，執迷於通俗言辭的表達，不去深入事物核心內涵，結果把一個原本需要深入了解的事，一筆帶過。譬如，『培育人才』四個字，大家說起來很流利，但很少人真知道什麼是『人才』，各種各層的『人才』，更少人真正去想想，如何去『培育』『人才』。」

提到國內科學發展現況時，吳大猷常感歎的說，一個國家的學術

根基，不是靠幾位尖端的特例，而是要靠許多人長期投注智慧和心力，和學術本身的質量，我們的科技未能生根，其最主要原因是人才太少，台灣的整個制度，在培植人才上，缺乏一步一步升遷的系統和結構，尤其行政人才，必須要有經驗、見解、擔當和魄力的人來擔任。而現今我們對培植人才仍缺乏了解，總認爲學歷好的人就可做，這種膚淺虛浮的現象，常爲人所詬病，其中「外行人領導內行人」更是不勝枚舉。

從事學術在於誠

吳大猷常用「薄弱」兩字來總括國內高級學術的狀態，並用「膚淺」來形容一般人對學術的認識。

他說，目前台灣的學術氣氛反而大不如抗戰時期，主要原因是許

多從事學術研究者，所受的基礎訓練薄弱，未獲濃厚學術氣氛及高學術水準的薰陶，同時在未養成對學術的內在興趣前，已受到社會功利氣息的影響，許多教授職在科技研教而心繫旁騖者有之，未入壯年棄學術而從事行政者有之，以通俗議論爲學術著述企圖爲自己打知名度者，則比比皆是。

學術風氣如此，而未來學術人才的來源更令人擔憂。對於教育的諸多弊端，吳大猷更是語重心長的說：「在我們的中學，教師的教學方法及目標，都在訓練學生如何應付升學考試，使得大部分的學生養成不正確的求學態度和習慣，對學術研究沒有興趣、欣賞和尊崇，從小學到大學就如一部讀書的機器，競考升學的動機完全是爲了學位，很少努力於知識基礎的奠定，在這種心態不誠的求學情況下，談學術即變成一句不實的口號。」

他回憶以前在南開的求學生活，每到週末和禮拜天，正是讀書的

好時機，但是，現在的學生每逢假日必玩，一到考試季節才能看到圖書館爆滿的情況，對於這種因考試而讀書的不良風氣，吳大猷常透過媒體、演講和寫文章來勉勵在學的年輕人，他說：「要唸就應該好好唸，不要心存應付，否則只抱著敷衍的唸書心態，最後只是欺騙自己，須知唸書的動機是爲求知識，不是爲名爲利，天下最壞的，莫過於把目標建立在功利上，如此的讀書手段是最爲人所不恥的。」

對於這種現象，國內某家報紙還曾登了一則笑話加以諷刺，其內文是：「有一位極喜愛面子的父親，他對他孩子期望甚高，每當他一閒空下來，就會找許多教科書內的問題來測試他孩子，每答對一個問題，才允許他做一件事，舉凡吃飯、上厠所、看電視，甚至睡覺都須經過他父親的『考試』，在這種情況下，這位可憐的孩子爲求『生存』，只好把書裏頭的東西都背得一清二楚，連數學也不例外，所以他父親每問到哪個題目，他幾乎都知道在第幾頁第幾行，可是他並不知道背

了這些書有何意義，該如何應用。有一天，他父親在臨終前問他：『我死後你打算把我葬在哪裏？』孩子愣了一下說：『教科書裏好像沒有提到要把你葬在何處，這一題好像是課外題吧！』原來還有一口氣的父親，聽到孩子如此的回答，一氣之下竟然提早暴斃。」

學術人才應從基礎培養

「唸書是應付考試。」這不是一句聳動的口號，而是每一位生長在台灣的莘莘學子所經歷過的事實，吳大猷感歎的說：「如果我們的教育體制不改，讀書只是用來應付考試，那麼讀出來的書是否能學以致用，實在令人懷疑！」吳大猷舉例說，曾經有位教授告訴他，有一次他回高中母校，坐在舊日的教室裏旁聽，整整聽了一個鐘頭，只看到那位化學老師不停的在黑板上做習題，並把所謂的「化學六百題、

三百題」，只應付聯考的「法寶」搬出來做，完全不講化學上的觀念和定義，台下的學生也拚命的抄寫，簡直像一場「默劇性」的教學。

從一九七九年，當時的教育部長朱匯森邀吳大猷主持「科學教育指導委員會」後，雖然對科學教育做了大幅度的修正，但仍無法根除教學不正常的弊病。近數年來，吳大猷常透過文章、演講來宣導他對改善教育體制的看法，可是所得的效果仍微乎其微，甚至還遭到外界無情的攻訐。

吳大猷認爲，教學上大多數的問題是，老師與學生都過度好高騖遠，不求從基層的了解做起。教師受到學校、家長及個人升遷的壓力，不得不求「個人表現」，所以在教學上皆以「升學主義」掛帥，以「升學率」來評斷一個教師的好壞。

對於上述的情況，吳大猷則將它比喻成一則笑話，他說，有一個外國觀光客到蘇聯旅遊，某日他在參觀克里姆林宮時，發現一把椅子

放在桌上，於是他就好奇的問導遊是怎麼回事，導遊鬆了一下筋骨說：「那把椅子是那間辦公室官員的，他喜歡放在哪裏就放在哪裏，他是傻子，不要去管他。」隨後又走過另一間辦公室，觀光客看見一個痰盂放在桌上，他便再問導遊，導遊又鬆個筋骨說：「那個痰盂是那間辦公室的官員的，他要放在哪裏就放在哪裏，他是傻子，不要理他。」

就這樣，觀光客看過幾間辦公室的東西都是放在不該放的地方，而導遊也都以同樣的話回答，於是他忍不住的問：「爲什麼有這麼多傻子在這些辦公室任職？」那個神氣的導遊最後低著頭說：「他們是史達林的傻子，史達林要把他們放在什麼地方，便放在什麼地方。」

而今，事實上，我們有許多優秀的教師，他們剛踏出校門擁有滿懷的理想和抱負，可是隨著現實環境所逼，最後他們都淪爲被任意擺置的「傻子」，充當那默劇裏的導演，過去身負授業、解惑之責，如

今已成爲一句虛詞。

科學敎育

科學教育是培養科技人才的基礎，其中以高中、國中、國小最爲重要，可是國內由於受到「聯考」、「惡補」及「逼迫性强記」教學方式的影響，即使真正對科學求知有興趣的學生，也難伸展其志向。

有鑑於此，數年前，吳大猷得獲科教界及教育部的支持，在師範大學科學教育中心，邀請幾十位教授和中學老師進行國中高中各級各科學課程水準及教材的全面檢討、修訂、編著、試教等工作，期望對基礎科學教育有所改善。

可是根深柢固的惡劣教學方式，早已成爲學生的學習態度和習慣，近年來又因電腦閱卷所採用的選擇試題，大大地促成强記式教學，

而爲了配合聯考，普遍的科學教育已偏重在試題的解答上，國、高中各三年，真正參與實驗研究的學生並不多，前些時日，媒體透過問卷調查，國、高中將近有百分之七十五以上的學生未做過實驗，而令人更感憂慮的是，有些高深儀器，不僅學生用不著，連能操作的有專業知識的教師都缺乏，這已顯示目前基礎科學教育已亮起了紅燈。

吳大猷認爲，老師在教學上的不妥，責任並不應全在老師身上，教育決策的缺失才是一大關鍵，所以他曾一度主張廢除大學聯考，他在接受媒體訪問時，曾語重心長的說：「我不是輕易主張廢除大學聯考，聯考本身最大的好處是沒有人情弊端，公平競爭，富有公信力。但無疑的，它是目前台灣教育體制上許多嚴重弊病的根源，如中學教學偏重機械式應付考試解題的訓練，著重強記，不求甚解，學生求學的目的、態度及習慣普遍偏差，這些現象若不改，我不知道未來該如何定位我們的教育！」

事實上，我們的教學都偏重在「學」，而忽略「思」的領域。吳大猷說，「學」是知識的學習；「思」是自己思索、求了解。有了思索，一個人才會進步，學術才能有創新。可是如今的各級教育，都偏於知識的接受，忽略訓練學生自己思索，我們常聽說，我國的學生，沒有發問的習慣，和美國學生不同，實際上學生頻頻舉手發問，表面上是活躍，其實學生多問是懶，是不肯自己去想，因此一個好的教師，應該多多反問學生，讓他們自己多用腦筋去思考，這才是正確鼓勵學生的方法。

一個求知慾極强的學生，要不斷告訴自己，讀書務必求透徹的了解，要多問，但是是問自己，而不是問老師或別人，因爲自己思索所得的答案，是個人的收穫，比從別人告訴你的遠來的有意義和價值。

談補習班

有一次吳大猷看見行政院科技顧問組委託台大和國科會科學教育處兩位學者，對中等學校科學教育所做的一份報告，其中包括對科學教育的調查、分析及建議等，最後的結論有一項是開放升學補習班，這項建議，當時曾引起吳大猷强烈的反對和不滿。

他說，補習班，誠然對競考升學者有所幫助，但卻導致學校的教學態度和方法嚴重偏差，學生成爲機械化的學習，在培育人才方面，也因升學補習班的影響，使得教育更加不正常，貧富家庭學生間的競爭，不甚公平。

事實上，早年由於受到高中、大學聯考的競爭劇烈，政府才核准了若干升學補習班的成立，可是未料補習班竟成了影響教育正常化的

根源。吳大猷感慨的說：「教育當局不著實研求改進中小學教育制度及人才，反而建議開放『文理補習學校』，且由行政院通過，是政府公開承認我們正規教育系統有大缺失，而不求解決。」他對於教育有關單位的種種措施，提出了諸多批評，他說，教育單位對問題的研審，往往不深入周詳，政策的決定過於輕率，忘卻基本原則，在執行上缺乏魄力，輕於屈服「自力救濟」，而誤以爲「順從民意」，這是政府無法將教育辦好的原因所在。他又說：「我們的致命傷是多數人的冷漠和無知，談到教育問題，表面上似乎受到大家的認同和支持，事實上又是另外一回事，有些人或因對教育現況的了解不深，或則本位主義作祟，不在行的人寫文章，出主意者特別多，但是真正有誠意去做的人卻寥寥無幾，我們的教育若再不做徹底檢討，誰也難料會爲社會帶來多少問題！」

認識讀書的目的

「萬般皆下品，唯有讀書高」，我國的社會傳統普遍尊重讀書人，主要原因是，一般人認爲讀書人知書達禮，懂禮義，頗有清高之感。

可是隨著社會環境的變遷，吳大猷認爲現在許多讀書人都以「讀書」做爲求取功名的捷徑，讀書人中的大多數，明明是求進取功名，但卻要將「讀書」烘托到「清高」的境界。他坦然的說：「我的興趣很狹窄，只有物理學，也先入地、偏心地以此衡量別人，我喜歡、敬重戮力獻身於學術研究的人，不喜歡那些對學術沒興趣的人。這些年來，我看到許多年輕人唸了十幾年的科學，從國外拿了博士回來，在學校搶做行政工作，甚至一有機會就想去做小官，這種人唸書的動機

是爲名爲利，拿唸書做階梯，我看了最搖頭。我以爲當前知識分子最應具備的一點即從前人所說的骨格。我最看不起的，是逢迎阿諛，睜眼睛說瞎話的人。」

事實上，我們社會對讀書的認識早已有了偏差，大多數爲人父母者爲了爭面子，從未顧慮孩子的本身興趣，爲一味的順應潮流，不惜强迫孩子學習，一個四、五歲的孩童自上了幼稚園，即開始成了「讀書工具」，或許他本身都不知道爲何而讀，爲誰而讀，一到大學畢業就認爲能找到一份「理想」的工作，可是等他們知道理想不符時，又開始對社會產生不平衡的心態，這些都是當初對讀書的目的認識不夠所致，也是今天台灣教育不正常的一大因素。

吳大猷對於當前學位主義埋沒人才的現象，曾感慨的說：「我們的政府和社會用人，普遍過度著重學經歷，一般職位分等升遷及薪資調配，無不以學位及經歷做爲考量的尺度，有時真正有能力經驗的人

反而不如只有高學位者，在這種社會風氣及職薪制度不公平的情況下，人才往往被埋沒，而一些學歷雖低，但真正有志於學術的人，受到重視的程度，卻不如那些只會吹噓的高學位者，我懷疑『學位主義』的可信度和公平性！」

中學的教學問題

吳大猷在擔任教育部科學指導委員會主任委員時，曾在動員月會演講中指出，目前中、小學課程中每一科目都對學生形成沉重的壓力，主要原因即在教育部聘請各方專家擬定課程標準時，一方面因本位主義作祟，一方面缺乏整體全盤考慮與規畫，才導致課程時數、內容無法使學生負荷，當時吳大猷還建議教育部成立指導委員會，對現況的課程做全面性的檢討和重編。

其實以現況來看，我們的中小學教育，都過度著重「量」和「形式」，往往課程量過重到不合理的程度，使學生失去了讀書的興趣而索性只求應付。吳大猷在所著的幾本文選中提到許多中學的教育問題，其中他對中學的物理教科書做了若干的批評，他舉例說，講質量時，有天秤的圖二，而毫不提及天秤的原理和力矩的平衡基本觀念。講短的時間時，只用快速攝影法所照一個高爾夫球桿運動中的一串影像，這些並不是物理學的什麼基本原理，只是徒增學生對物理有了雜亂的印象而已。

除物理之外，吳大猷也舉例英語教學上的缺失，他說，國中各校每年級每週英文課平均三小時，高中每年級每週平均六小時，經過六年的學習，學生的閱讀、寫作、聽、講英語文的能力仍甚弱。爲了應付聯考，有些學生還抱著字典拚命的背，完全喪失學習外語的真正目的，而身爲教師者也不去糾正學生的錯誤，只是一味的教學生如何去

迎戰聯考。吳大猷認爲，國、高中英語學不好，師資及教授方式是基本問題。他說，在能講英語之前，先須能發正確的音，國中階段老師應該以錄音帶的簡單句子使學生模仿發音及音調。訓練「聽」的能力方面，最有效的方法是使學生聽錄音帶的會話、短篇故事、時事性或討論性的短文，然後叫學生跟著唸，以訓練「講」的能力。

至於寫英文的能力，則須藉著「寫」才能訓練得好，而這種寫不是叫學生做些習題、抄些文選就行，而是要訓練寫作能力，從國中開始，可由簡單的句子、複句子、填句子、修改不妥的句子學習起來，在高中階段，可做意譯英文，由中譯英的訓練，最後可使學生讀些短篇小說名著或時事性的文章，並擇要寫出報告，如此反覆練習，六年的光景，至少看些簡易的小說應不成問題。

國內各級學校的教學法，大都是由教師講授的灌注式，這種教學法，對中、小學學生影響最大，它使學生做被動式的聽和記憶，不讓

他們運用頭腦去思索，所以過去有人說，「看書」是懶人，因爲看書而不自己思索，大多數人喜愛看小說，就是例子，灌注式的教學是和看書相同，使人成「懶」。吳大猷針對中小學的教學方式，曾舉個例子，他說，他在某晚報，讀到該報與教育廣播電台聯合舉辦的「升學之路」專欄中，看到有「今年大專聯考各科總複習」的地理科，當時他看完之後感到非常驚訝，於是便把它抄下來，其中有一題是：(A)巴西鋼鐵工業所在(a)佛塔雷敦達(b)培羅荷里桑(c)阿西夕亞(d)康皮那斯(e)南格蘭。對於類似題目，吳大猷帶著懷疑的語氣說，聯招會大概不會出這種題目，只有中學的地理科會教這類的課題，且要求學生強記，以此題爲例，老師讓學生知道巴西的鋼鐵生產量和人口關係，是合理的教材，但若要學生記誦這些地名，那就太荒唐了，我們的教材不合道理之處比比皆是，如不做適當的選擇，則只是在學童腦裏添加許多枝節知識，不僅增加他們的負擔，也不會引起他們的興趣，教學的意

義也就完全失去了。

國中分班問題

我們的國民教育制度中，國中原本是一般國民基礎教育的一部分，可是由於學生的智愚、志向各有差異，加上升學主義的作祟，學校也一味迎合這種不正常的教育潮流，因此「升學班」與「放牛班」的偏差也隨之擴大。

對於這種分班方式，吳大猷認爲這是教育的一大弊端，他說，國中二年級開始，學校就硬性強迫他們自行選擇或編定其前途，須知一個十二、三歲學生，智力發育均尚未成熟，知識及視野也有限，如何能選擇自己的前途，若將他編入「放牛班」，不僅畢業後，甚難升學，年齡小就業也難，勢必將遊手二、三年，服完兵役，年約二十餘歲

，無一技之長，更難重入學。另外許多被編入「放牛班」的學生均容易自暴自棄，這也是引致青少年犯罪的主要原因。

吳大猷認爲，國中二年級開始，數學理化及地球科學課程的難易程度是決定分班的主要因素，他建議不妨將科學課程教材做合理的選擇，其較難較深的章節（以顏色做識別），爲能力較高的學生學習之用，不强求於全班，其次勸止教師於課本之外，添加爲適應考試的「參考」或「補充」資料，減少學生對課程的壓力和適應，而對特殊優異的學生，可擬訂選拔、訓練、越級等辦法，如此對資優學生並不吃虧。另外，對於普通有意升學的學生，可於國三或畢業後做升學準備，投考高中；自願就業者，政府宜鼓勵進入技術學校或參加職訓輔導，成績優異者應給予培養，甚至出國進修，不應受「學歷」的限制。

事實上，國中學校有分「升學班」及「放牛班」之實已存在了若干年，教育單位明知這種教育方式不正常，但又束手無措，說無法遏

阻，又不全面根除，造成國中教育面臨諸多潛在的危機，然而令人訝異的是，這種分班制度還廣受一般家長和學校的支持，甚至有些教師還把學生帶回家裏補習，並成立「聯考試題猜題班」，這種讀書方式已完全失去了「求學」的真正意義，只可說是爲聯考而讀書。須知冰凍三尺非一日之寒，在國民教育階段，施教的主要對象，應該是以大多數學生，其特殊優異或特殊愚鈍者，則應予以特別教導，這是教育制度的原則。

吳大猷屢次强調我們的基礎科學教育不落實，其主要原因是，我們忽視了國中階段的科學知識培養和訓練，他說，國中高中各科的教材，在質和量兩方面都嫌偏高，尤其科學教材已超出學生理解消化的能力，另外教師過度添加補充資料，著重應付考試的記憶訓練而不著重理解和研究實驗，致使學生對科學教育無法產生興趣，也是一大原因。他指出，近幾年大學聯考，投考第一類組者都在五萬至六萬上下

，其數學一科在四十分以下者，佔考生人數的百分之九十二强，物理科在四十分以下者也佔了百分之七十七以上，這些數字已顯示了國內基礎科學教育有逐漸低落的趨勢。

一生執著於學術，對下一代教育關切甚殷的吳大猷，每當有人向他討教這些教育問題時，他總是有感而發的說：「許多教育問題，不是幾個人說說就能解決，除了一些社會有識之士的認同和支持外，最重要的是教育單位要對問題有著深入的了解，進而以大刀闊斧的決心和魄力去面對，絕對不是受到一點壓力或挫折就不了了之，如此，我們的教育不知哪一天才能辦好。」

大學敎育問題

近十餘年來，台灣的大學教育，如師資、教學及研究設備等方面

，都有極大的增進，學系、研究所及學生人數也頻頻增加，可是令人遺憾的是，學生訓練的素質似乎未曾提升。

這種現象即是「升學主義」下所帶來的後遺症，因爲在國中高中階段，長久受到升學壓力的影響，進入大學後，學生們幾乎都沒有很强的求知慾，而普遍教授教書時，形式方面的東西教得多，觀念反而給得少，所以許多學生四年畢業仍是空空如也，甚至連謀生能力都成了問題。

對於高等教育日趨薄弱，吳大猷憂心的說，我國的大學，多著重形式的因素，如課程學分等，而未能使學生對學術發生真正的了解和興趣，所以學生真正求學求知者少，求學位者則多。他認爲，決定大學的學術水準的因素，是教師的素質、課程內容和學校的設備，當中以教師素質最爲重要，若教師的質薄弱，雖課程的名稱和數量無論如何好聽，設備再怎麼高昂，都是沒有用的。

基本上，大學是訓練培植通才及高級專才的園地、是高深學術研究的處所、是國家學術人才之庫，這些觀點是不容置疑的，可是今天絕大多數大學生的求學心態都偏向於「出路」及「收入」科系爲優先選擇，真正對學問發生興趣者並不多，根據媒體的一項調查分析，大學畢業有百分之四十以爲他是大才小用或學非所用，其中的百分之六十係對主修科無興趣，百分之五十四所讀科系與其投考大學的志願無關係，由這項調查强烈的顯示大學聯考制度的弊端。

關於大學生「學非所用」、「大才小用」及「學以致用」等論點，吳大猷認爲，一個大學生出了校門，不要抱著高才低就之感，如果本身是真才又肯努力，自然會受到別人的賞識和器重，不須過度强調自我的優越。他舉例歷居許多教育部長、經濟部長及交通部長很少是自己專長內的人來擔任，不過他們仍有優異的表現，這是證明一個受有廣義的高等教育的人，他的才華可以發揮出他在大學所習的學科之

外。

談到各大學的學術發展時，吳大猷則感歎的說，台灣各大學的物質條件，不管是教師人數、研究經費和圖書器材設備，皆比抗戰時期的西南聯大還要完善，可是學術的推展卻遠不及當時，當中的原因是受到環境變遷的影響，學者不易保持學術的興趣和專心，在學術氣氛逐漸薄弱的情況下，許多學者便在不知不覺中失去原有潛在的原動力，對教學和研究也無格外的創新之舉，這便是大學生素質無法提升的主要原因之一。

吳大猷認爲，目前台灣高等教育的發展，不是一味的擴充「量」的問題，而是應該著重在「質」方面的提升，對於具有天賦的大學生給予訓練培養，使其成爲多方面的高級專才和通才，至於對那些只求學位而不誠於學術者，教育單位應採取嚴格的評鑑措施，以遏止大學生素質低落的現象。

大學生的喜憂

近數年來，隨著民主腳步的開放，大學生熱中於政治、社會問題的層面已逐漸擴大，幾乎演變成今天動輒就走上街頭的地步，其實知識分子關心政治，表達自己的意願並沒有什麼不對，可是若過度參與一些無謂的政治活動，就如吳大猷所說「關懷是應該，盲目的投入是一種浪費」。

事實上，不可否認的是，過去在抗戰期間，大學生的許多政治活動，的確對我國產生過正面的影響，可是再讓我們仔細推敲，少數參與政治活動的學生，並未必對「政治」兩字有所了解，在是非分辨不清、政治學養不夠的情況下，若遇上一些圖謀不軌的政客，更容易成爲被利用的「政治工具」，其貽禍之大，不僅是個人，甚至整個國家

社會。

數十年來，吳大猷孜孜於學術研究，如今雖已年居八十五高齡，但他從未放棄對國事的關心，尤其從他所寫的幾本文選中，更流露出一個中國讀書人的骨格，他經常勸勉大學生要專精於學術研究，不要將時間浪費在一些無謂的政治活動上。他說，身爲一個大學生，最基本的工作就是把書唸好，有了知識，才能談得上分析事理，對是非也才有明確的看法，政治與社會的關懷固然是人人有責的事，但卻不可捨本逐末，忘掉本身的方向。

其實近幾年，國內各大學也曾先後掀起一陣「學術自由」、「修訂大學法」、「教授治校」、「軍訓教官退出校園」等口號，事實上這些口號的內容也都是由一個複雜的問題變爲簡單的口號化，若在不了解更深一層的意義之前，恐怕這些大學生也未必能說出所以然來。

吳大猷認爲，大學生對國家社會問題的關心是應該的，但不能盲

目的跟從，自己應該有獨立判斷的能力。例如光喊「學術自由」，但自己對如何提高學術，卻絲毫都沒有概念，談「軍訓教官退出校園」，可是本身又無法約束自己，大學生校外同居、打麻將、泡舞、發生意外者更是頻繁，在自己都無法「管」好自己的情況下，高談「自治」、「自由」是不妥的。

面對國內學術的日漸薄弱，吳大猷雖心有千千結，但他仍將大部分的希望寄託在這一代大學生的身上。他說，求知識只是大學生在學習中的一部分，最重要的是在學習過程中，如何啓發培養對學術的興趣、治學的客觀、分析事理、質疑、思索、求了解的態度和習慣，進而培養鑑別的能力，若求學不用功，沒有知識基礎，即容易造成見解上的偏見、武斷或盲從，其讀書的意義也就失去了！

學習物理的認知

一般人的觀念大都認爲物理是一門極深奧的學問，唯有天資較高的人才能學好，對此看法，吳大猷覺得並不以爲然，他說，學物理或任何其他學問，有高天資當然好，中上之資，也可以唸，不過每人在選擇志向前，應該對自己有些評估和合理的期望，一切盡其能力，絕不可好高騖遠。

談到當初爲何會選擇物理時，吳大猷則幽默的說：「這就像娶太太一樣，憑『緣分』，若要說個理由，唯一的原因應該說我對物理學有真正的興趣和欣賞，可從物理學的了解或教學生了解，獲得真正的快樂。」不過，吳大猷仍認爲要在學習物理中獲得興趣和快樂，則須勤奮下工夫，若不願下工夫或沒有興趣，本身應該盡早改行，不要欺騙

自己，這是一種對學術不「誠」的行爲。

追憶起過去的「讀書」經驗，吳大猷認爲對學術性的書籍，其讀書方法應著重在「思索」、「求了解」、「試圖伸引」，有時「可將書蓋起來，試圖重新建立書中的論證」，而不是只「讀」過就算了。他說，他在大學三年級時，就開始將一本已有英譯本的德文物理名著，一面由德文摸索了解物理的內容，一面藉機學習德文，吳大猷自承這不是很好學習物理的方法，不過以當時年代，新的好的物理學專著大都以德文爲主，因此不得不習德文。後來，吳大猷改變讀物理的方法，在讀一本書時在一紙簿上做摘要和自己了解後加添「註」字，藉此「筆寫」方式，以加深了解和印象。

一生酷愛物理，對學習物理潛藏無數心得的吳大猷，他常期勉學生，讀學術性的書，務須求「了解」，他說，「了解」的意義包括自己可以追溯做個「理論」的背景和原因，可以由這個理論導出所期望

的結果，這樣才算「了解」，也才可以說已將這個理論「消化」了。「讀書」不是「吞」一些「知識」，而是將所「了解」的納入自己的思想系統裏，它好比吃食物，須將食物消化了，才能成爲我們的血、肉、骨、細胞，如吃了一塊雞、一塊肉、一些蔬菜都不能消化，照原樣一塊雞、一塊肉都排泄出來，吃了和沒吃並無差別，有些人讀了幾年書，讀了些名詞術語，也說出些名詞術語，但是否曾經起了消化、吸收作用，內行人一聽便很容易鑑別出來。

提及目前各大學物理系的學生素質，吳大猷曾於民國七十二年三月，在接受一羣台大學生訪問時感慨的說，他在清大講授古典力學的基本觀念和發展，如時、空、質量及牛頓力學的基本定律，這門課是爲了讓唸過若干物理的學生有更深一層的了解，可是令他失望的是，一班六十個學生，卻沒有人真正下工夫去研讀，另外他還在清大和交大開了一門統計力學的專題，讓兩校學生選修，結果共有二十人，到

了第二學期在清大所教的原子分子物理卻只剩四個人。他還在一次清大所主持的博士研究班研究生入學口試中，只問些基本問題，可是十之八九都答不出來。

對此現象，吳大猷頗爲無奈的說，這是我們中學講求訓練應付聯考的結果。今天所教育訓練出來的是一個錯誤的學習態度和習慣，這種情形已普遍存在於各大學，其影響不僅是物理系學生。

廢除大學聯考

多年來，大學聯考制度的存在已嚴重影響到我國正常教育的發展，雖然從正面上看來，大學聯考沒有人情弊端，而有高度的公平性，但無疑的是，它的確是製造無數莘莘學子成爲「讀書機器」的禍首。

吳大猷說，一般高中教師爲迎合聯考，教學方式都偏重於訓練學

生強記，機械式的解答試題，給予學生大量的課外習題和艱深的補充教材，毫不著重學生對課題的了解，十餘年前高中三年級的地球科學一課，原意是引介天文、地質、海洋及氣象等部門的知識，但因大專聯考無此科目，以至教師不教，學生不學。國中、高中六年的升學壓力，普遍養成學生惡劣的求學方法和習慣，我們的基礎科學人才無法建立，又如何談起更深遠的科學目標？

其實，一個國家的教育制度，年復一年的繼續給予學生以明知是有缺失的教育，而又沒有魄力能力去分析和解救，這是一個嚴重的問題。十餘年前，吳大猷曾建議高中畢業會考制，以會考成績及學年中成績，替代聯考，四年前，他又建議廢除聯考，仿效美國的中學成績向各大學申請入學，再由各大學自訂入學考試辦法，可是聯考制度的「公平性」已深植人心，普遍教育人士皆堅持不可輕易廢除，不過吳仍認為，聯考制度的弊病已經遠超過「公平性」的優點，若繼續再讓

「大學聯考領導中學教學」，我國教育將難導入正軌。

前面提及吳大猷建議以「會考」來替代聯考，他主張在高中三年級時，全省做一次會考，這個會考的試題和閱卷，由教育廳（市教育局）組織機構辦理，一切採取密封試卷評分，以示公平，凡會考及高中三年的成績達到某一水準者，即得向各大學申請入學的資格，申請時只選學院而不分系，各大學可各自定錄取標準及錄取人數，每學院錄取的人數，可由教育部統籌全國情形與各校做出擬定，每年錄取的總人數，可較目前的三、四萬餘人爲多，各校各自建立標準，規定新生於第一、二年繼續升級的條件。

這項擬議的優點是，可使學生在高中三年中，注意平時的成績，並且在專門科目的考試部分能真正適宜自己的性向及能力，另外可藉此摒除聯考競爭的壓力，將國、高中的教學導入「正常化」，學生對自己喜愛的科目可任其選擇發揮，但只可惜此項提議並未獲得教育單

位的採納。

聯考制度不僅嚴重影響了我國正常教育的發展，同時也因爲升學壓力的束縛，致使教育的「質」遲遲無法提升，對於這些問題，過去吳大猷不知做過多少批評和建議，但始終沒有著落，最近剛返國參加中研院院士會議的李遠哲博士也在一項公開演講中，針對「六年國建」計畫與建數所大學做一批評，他說：「建那麼多大學，不見得能提升大學水準，對台灣整個高等教育發展並不好，台灣其實有經費可以辦一流大學，走在世界尖端，但是政府如不按層次分類，老是辦一些不三不四的大學，並無助於高等教育『質』的提升。」

留學問題

「外國的月亮比較圓」，這是若干年來老人遺留下來的普遍觀念

，過去在抗戰時期，許多有志之士出國留學，其主要的目的是想吸取知識，回國貢獻所長，可是隨著時代的變遷，國人崇洋心理的作祟，現在大多數留學生出國留學，不是爲了那張「洋文憑」，就是以「留學」做爲定居國外的跳板，這種留學心態，不僅造成人才嚴重外流，同時也失去了留學真正的意義。

對此看法，吳大猷認爲，在自由主義制度下的國家，學生「出國留學」，本身不是問題，其所以成爲問題，是大量學生年復一年的出國後，普遍都留居在國外任職，形成「台灣闢路，他國享用」的現象。

事實上，對於「留學問題」，早在數年前，當時的蔣中正總統曾一度有意停止大學畢業生出國留學。追憶當時的情形，吳大猷在他所著的「在台工作回憶」中寫著：「某次我返台，同仁接機時，即告訴我蔣公有停止大學畢業生出國留學之意，蓋以該時每年留學約二千人

而返國者少。……及我見蔣公，即直言：一則台灣的大學實不能滿足研究生進修的需求，有讓他們出國深造的需要，一則使學生難出國，將愈使他們外留不返國矣。後一點尤爲重要。蔣公聽完，即改變其原意，不阻止大學畢業生出國。」

留學生學成不歸，這已是「留學問題」上的一問題。吳大猷在十餘年前曾向教育部提議以鼓勵博士後出國研究來減少大學生公費出國留學的弊端。他說，目前國內既然已經成立了多處博士班的研究所，理所當然要去辦好這些研究所，培育自己的人才，若一邊送公費大學畢業生出國，又一邊辦研究所，這顯然是一種矛盾和浪費，等於自己不信任自己的實力。

他又說，許多大學生畢業後就出國，對國內環境認識不深，三數年後就拿個學位返國任教，其成熟度還差，本身的研究工作都還未入門，又怎麼能期望去帶領學生做研究，又如何提昇國內研究生的素質

。提到這裏，吳大猷更感慨的說，培育一個能獨立研究的人才，由大學起，起碼也要七、八年的時間；而我們經常提倡培育人才，可是卻不懂什麼才算人才，只一味以爲出國拿了碩士、博士學位，鍍過金、喝過洋墨水就是人才，這是種幼稚的想法。他認爲，若要留置人才，首先政府應該擬出一套合理的辦法，全力支持已具有水準的研究所，加强其師資人力及研究設備，讓真正執著於學術的教授來調教，使有意出國的大學畢業生有機會吸取更新的知識。

良好的訓練，使研究生更深一層了解國家社會的情況，和教授間建立起師生之誼，增强他們的對國家的「向心力」。在國內攻讀博士學位成績優異者，政府即可以公費方式送他們出國做「博士後研究」，然後再邀他們回國服務。這樣不僅可補救人才外留，同時也能提升國內學術的水準。

讀書

在吳大猷一生不平凡的成就中，有人或許會認爲他對「讀書」必有一門獨到之處。不過在吳大猷的口中，他對讀書的唯一原則便是「書上的每一行字都要弄懂、要懷疑，並且想辦法去證明它是不是對的」。

雖然這種讀書方法很辛苦，可是吳大猷卻覺得很有意思。他說：「當我對書中一些深奧問題有了絲毫的了解時，那是我感到最快樂的時候。」談到這裏，他從房裏的書桌上拿出一本將近陪他有十年之久的「三國演義」，厚厚的一本書，裏頭還有多處用紅筆所做的眉批（錯字、情節的比較）、疑問（劉備、曹操、張飛、關公、趙雲間的年齡問題），有時他也代替作者標明「此處接下文某頁，或此處接上文

某頁」等。另外，吳大猷也有做讀書筆記的習慣，他經常以複雜的圖解、公式來表示心得，偶爾並用紅筆註明日期，以示重要或回頭參閱，若遇到不明瞭的地方，他必會想盡辦法使自己徹底了解，因此，一本書唸下來，其收穫就可想而知了。

一生以書爲伍的吳大猷，他承認只唸本行的物理書，對文學類的書並没有興趣，就連中國古典文學名著的「紅樓夢」都没看過。他說，小時候唸新式教科書，在天津南開大學，規定理科學生一定要選修十二個學分的文科課程，當時他只選西洋文學史，知道的只是一些人名、書名和做過幾本小說報告，目前僅記得一本莫泊桑小說而已。

爲何吳大猷對文學如此不感興趣？他說，文學作品寫來寫去，都離不開感情、人性的複雜面，過去他曾看過幾本散文集，都覺得辭贅，一個很簡單的事物，一定要拖了很長，像是擺龍門陣，一看就知道是湊字賣錢，還有些作品，一大堆詞藻，用些過度濫調的詞，不知含

蓄，讀下去便覺得肉麻。

至於小說類，吳大猷只愛看偵探小說，尤其「謀殺偵探」，過去他看過由福爾摩斯到阿嘉莎・克莉斯蒂兩大系列的小說，他認爲這些作品能引人產生好奇，可是隨著年紀的增長，到後來也沒有耐心，有時先看前面幾十頁的情節，看到誰被殺，便偷看末尾的幾十頁，看兇手是誰，中間一些多餘的描述也就跳了過去。

除了偵探小說外，他對新聞性（國際大事、政治、科技、某些運動）的報導和分析（時代雜誌、新聞週刊）、歷史和傳記（傳記文學、口述歷史、胡適年譜長編）等類的作品大致還喜歡，不過他對傳記性的著作也有欣賞的尺度，他說，我們國人爲人作傳或作回憶別人的文章，差不多都有一個通病，那就是把人描述成沒有瑕疵的完人，像這類的文章，只能寫給自己看，沒有理由印在書上來欺瞞讀者，他認爲，一個人的傳記，最重要的是要把他的個性、爲人、見解和事業，

坦然實在的寫出來，誇大恭維及咬文嚼字的文章是沒有傳記價值的。

過去曾有人問吳大猷唸科學的人適不適合寫科幻小說？吳大猷愣了一下回答說，寫科幻小說和科學研究所需的「假設」是不一樣的，科學的假設是需要有根基和線索，而科幻小說則不需要，它可以憑想像力，任意發展，不過，吳大猷仍認爲，一本能吸引讀者的科幻小說，作者本身對科學仍需要有某程度上的認識。他說「封神榜」可說就是中國科幻小說的代表。

習國文的印象

在吳大猷求學初期，舊制的小學，可分爲初等小學四年，高等小學三年，一般的教科書，除了高小讀的古文讀本是中華書局出版外，其餘皆是來自商務印書館。

高等小學階段，國文讀本所選的大部分是韓愈、柳宗元等歷代的名著短文，這些文章雖短，但必須熟背，如今讓吳大猷印象較爲深刻的有木蘭辭、滕王閣序、進學解等。另外，小學還有「尺牘」（教人寫信的格式）課和作文課，吳大猷自承當時的作文課還是一件苦事。

直到小學畢業，他在廣州唸了一年舊制中學，國文課教的是左傳，翌年轉至南開中學，雖然已經有白話文的提倡，可是老師並不熱中，仍然繼續用文言文來教，高一（或高二？）讀的是韓非子，結果吳大猷一點也沒興趣，至於作文也用文言文之作，但是可以帶回家寫。有一次，他在英文課本上看到一篇極感人的短文「最後的一課」，便將它譯成文言文，老師看完之後覺得有林琴南的筆味，因此給他一個「乙」的評價。

吳大猷自承他的文字訓練是來自於課外讀物的知識，過去他在十歲至十四歲期間也看過不少中國古典小說，諸如粉妝樓、岳飛傳、隋

唐演義、三國演義、說唐全傳、西遊記、水滸傳、濟公傳、封神榜等，他說這些章回小說中所得的收穫，恐怕比在學校所唸的左傳、韓非子來得多。

而事實上，吳大猷經常反覆看些古典小說，其興趣並不在文學，他經常說：「我沒有文學根柢，對文學也沒有多大興趣，一般的寫作都是平鋪直敍，只是把心裏的話用筆寫出來而已，最多只能說我的文字清楚簡潔，完全談不上『散文』作品。」

近二十年來，吳大猷寫了不少文章刊登在國內的各大報，其中包括科技、教育、人文和社會，而他第一次在報上發表作品是在民國四十六年的四月二日，這篇題爲「如何發展我國的科學」即刊登在「中央日報」的學人版，當時還受到胡適之的重視。後來自民國五十六年起，吳大猷使用「洪道」或「學立」爲筆名，陸續在「中央日報」和「民族晚報」寫「方塊」短文。

人生與生活

「沒有道理的事就要講，不對的事就要罵，但我只是對事不對人。」

第十章　人生與生活

一房一廳，一張床一張書桌和一套沙發，其餘都是書，這一生從求學、教書到研究，書永遠是他最好的伴侶。

讀書人的道德和勇氣

吳大猷曾說了一句名言：「世界上有兩種和尚，一種是唸經的和尚，一種是化緣的和尚。」他希望自己做個唸經的和尚，唸出讓人共鳴的經，爲別人也爲自己修個正果，不過，事與願違他爲了從事「科

學發展」的推動工作，擱開最心愛的「研究」工作，使他爲化緣而耽誤了大半唸經的時間。

爲人耿直且嫉惡如仇的吳大猷，他認爲知識分子最重要的是要有骨格，他最看不起那些逢迎阿諛、睜眼睛說瞎話的人，因此凡是讓他看不過去的事，他絕不畏懼於任何的批評，甚至得罪別人也不在乎，他關心的問題遍及台灣的教育、科技、醫療、傳播媒體、宗教迷信、社會、交通與環境污染等等。

有人認爲吳大猷坦率的個性與他學科學、重視真理的一面有關。其實，吳大猷也自認他是個是非觀念很强的人，他喜歡看些「善惡分明」的電視電影，因爲可以放鬆心情，不必思考，而且好人壞人一目了然，最後總是好人打敗壞人，看起來又刺激又過癮，其中「飛狼」和「超人特攻隊」就是他最喜愛的影集。

「沒有道理的事就要講，不對的事就要罵，但我只是對事不對人

。」這是多年來吳大猷的處事風格。譬如，數年前，報載有人要請義大利小白菜史脫樂來台灣表演，他極力反對，他覺得此人來台對社會僅有負面的傷害，完全沒有正面的意義，希望毛高文部長，如有娛樂公司對這件事提出申請，應不予核准。

吳大猷曾於民國七十八年寫了「大問題」作「小動作」一文，內容頗有意思，他說，當初我們官方文字及報章中，對中共官方人員均稱「匪」，對其官方機構也稱「僞」，並把輸入台灣的外文雜誌，若有刊載大陸的報導，則將其沒收或撕去某頁，甚至在大陸官員的相片上蓋個「匪」字的印，或者以墨塗蓋之。吳大猷覺得，以一個堂堂的政府，不應做如此不僅幼稚，而產生反效果的小動作，他很擔心，萬一錯將「匪」字印蓋在友邦元首的相片上，那後果將難以收拾了。

他記得在某年元旦，爲蔣中正總統寫稿的先生，於一篇約數百字的宣讀文中，裏頭用了「匪」、「毛匪」、「毛婆」等字約二十餘次

，他認爲這些用詞，大有損蔣總統的尊嚴。

吳大猷的個性坦率耿直，不管談及任何人和事，他的批評都直指問題的核心，該說的話就要說，他認爲做人做事要是非分明，他最忌恨自私、剛愎、膚淺、熱中仕途，以「隨和」求升遷的人。

的確，以吳大猷的年齡、德操和地位，他應該可以含飴弄孫、安享清譽了，可是他卻寧願做個「燃燒自己，照亮別人」的蠟燭，若他不是對國家社會的强烈關懷，則在中研院院務忙碌之餘，何必還不時藉著演講、寫文章來表達心中的期盼？反觀現今社會多的是阿諛獻媚、曲意奉承，蒙騙事實的人，真正像吳大猷敢發真情、說真話的人已經不多見了。

「膚淺」與「薄弱」

民國七十三年的冬天，聯合報楊選堂在桃園舉辦一項「台灣地區的社會變遷與文化發展」研討會，邀請吳大猷前去參加，在盛情難卻的情況下，只好應允出席這個研討會了。

到了會場，列席人士都已經準備好許多有關社會變遷和文化發展的論文發表，吳大猷被邀上台就開始談起台灣的學術和人才問題，他說：「我常用『薄弱』兩字來總括我們高級學術的狀態；用『膚淺』兩字來總括我們對學術的認識。我或過爲苛求，但我們如不肯，或竟不能認識我們實在的情形和問題，自然便談不到謀改進了。任何企圖『改進』的首步，乃是清楚的認識實況和問題所在。……」講完這段話之後，從此「膚淺」與「薄弱」兩詞，即成爲學者們常引用來對台灣學術界的「專門術語」。

其實，吳大猷也經常引用這兩詞來比喻社會一些問題，因現今不論團體或個人都喜歡高唱簡單化的標語和口號，執迷於通俗言辭的表

象，不去深入事物核心內涵，例如尖端科技、引進技術、大型計畫、多元化、轉型社會……，這些字眼被濫用的結果，使文辭輕飄起來，徒具天花亂墜的空殼，說的人與聽的人都忘了事體本身的複雜與深意，把一個原本需要深入了解的事，掛在嘴邊虛飾，這是十足的大濫調。

過去在他所發表的文章中也舉過不少相關的例子，例如「智障殘障問題」，吳大猷認爲智障殘障是一個不可忽視的社會問題，一個家庭，如不幸有智障殘障的子女，則撫養、治療、教育、訓練，可使這個家庭籠罩在一個恆在精神上、生活上、經濟上的壓力，嚴重影響父母的身心和工作，這種負擔並非父母及一般學校所能勝任，必須要有專門處所或專門訓練人員來收容這些人。台灣目前有這些設備和人員的，大都是私人或教會機構，由政府成立的並不多。以台灣如此的富裕，雄厚的外匯存底，相對應提高國民的福利，可是政府卻忽視了這

些，許多國民仍住在煙霧下的垃圾堆中，老年及殘障無所依，雖國民所得再高，國家再有錢，事實上只是一種「膚淺」的行爲，說自己「文明」那才是自欺欺人的話。

另外一個例子是「開放賭馬及賭場之說」，吳大猷在民國七十八年九月十五日台北英文報（中國日報）看到一篇報導，內文是：「經濟部某高級官員指出不反對賭賽馬，因爲目前很多工業化國家都有賽馬，而開發中國家也有Casinos（娛樂場），如政府開闢特區，有Casinos及其他娛樂設備，並有七十二小時免簽證入境的辦法，將可招引更多的觀光客……。」

吳大猷看完這則報導後，他希望這不是「事實」，更不相信政府官員會有如此「低」的想法。旋及他在一篇文章中感慨的說到，近年來，國家發展迅速，可是卻有少數人安於享樂，更有數以萬計的人，沉浸於不勞而獲的投機式生活中，這種嚴重情形已達到無可挽回的地

步，若再引入賽馬和開放賭場，台灣的社會問題將會更加惡化。

「這種事太沒道理了，實在膚淺。」吳大猷更進一步的强調，台灣所需的，不是累積更多的「外匯」，更絕不是藉著賭或聲色場所來招徠觀光客；做這種構想的人，完全沒有國家榮譽觀念。又這些人似乎也從未想過，若選馬、養馬、聘請馴馬師、建造跑馬場等，這些花費所辦的是「純賽馬」還不要緊，如果萬一淪成「賭馬場」又如何收場？且即至目前，從未聽過世界有「純賽馬」，而沒有「賭」的例子，若心中抱持這種想法者，未免過份的「天真」，荒唐至極了。

罵事不罵人

多年來，吳大猷經常透過演講、教學、寫文章等方式，列舉當前國家社會的許多病態，他語真意誠，毫無誇張虛言，不但所談的問題

都和我們息息相關，而且一針見血，讓許多「有愧於心」者，無地自容。

每舉一例、每罵一件事，他自知會得罪人，不過他仍一本中國讀書人的「骨格」和「勇氣」，毫不留情的加以批評，讓無人敢言的一面，呈現客觀的事實，也讓人相信「吳大猷是不會說假話的」！

生長在書香門第的家庭裏，從孩提時代，就已認定讀書是天經地義的事，從來就沒有想過如何賺錢、做官的念頭，所以他一生幾乎都未曾離開過學校，對社會複雜的處事面並不在行，他的想到就說、就寫的性格，確實也使他得罪不少人，但是他都不以爲意，因爲他自己知道，所有的批評是「對事不對人」，他曾說：「若是我每次講的話、所寫的文章，都能影響一兩個人，我就心滿意足了。」

其實，吳大猷對任何事情的批評都有他客觀的看法，他常說，對事的批評，首先要對事本身從客觀點，做較深入的了解分析，才能做

客觀的討論，但總難免間接牽涉到「人」，而我們的社會通常都不願意批評自己的朋友，開罪當事人，對事情做原則性、客觀性的檢討時，往往是「避重就輕」，一筆帶過，使得社會須改進的一面無法呈現透明化。他認爲，只要動機是對「事」而不是對「人」，且用意是善良的，我們都應該要有雅量能夠接受他人的觀點和批評。

就如在民國八十年十一月初，媒體報導七十九年新莊有一位婦女到台北某私立醫院分娩，產下一個男嬰，結果意外被另外一個婦女所偷，而當時值勤的護士，後來也「失踪」，產婦經過在地方法院及高等法院控訴，竟然都判醫院無責。吳大猷看到這樁判決後，感到十分不可思議。他認爲，該產婦在某醫院產下一男嬰是不爭的事實，男嬰在醫院失踪也是事實，護士失踪也是事實，爲何法院會判醫院無責，若是「合法」，最少是「不合情」、「不合理」，他說這種聽起來荒唐的事，只有舊小說中才看得到，今日的社會有如此的事，簡直是「

奇例」。他想「包公」的故事爲何不論古今，皆受到衆人的喜愛，當中因緣分明可判！

吳大猷的個性就是這樣，一點也無法忍受「没道理」的事發生，像類似例子，他只是針對事情的嚴重性提出看法，完全没有人身攻訐。他說：「有些事情明明是錯的，而社會沉默寡言，每次看到這樣我都會忍不住的把自己的意思說出來或寫出來，有時雖然寫了有點過火，連自己都會不好意思，但是又不能不說，不能不寫，雖然明知没什麼用處，但是實在看不下去了……」。

獨特的個性

大體來說，一個人能在某領域裏出類拔萃，有番不平凡的成就者，總是有其與衆不同的個性和獨特的天賦。

因爲家庭環境的影響，吳大猷從小就只有讀書的念頭，從未打過第二個主意，在如此觀念的薰陶下，慢慢便養成他這一生不求於人、不靠人情的獨特個性。

他喜歡過著獨立自主的生活，不喜歡把時間浪費在無謂的應酬上。他說：「我平常很少與人來往，在台灣的朋友也不多，有時與人相處，表面上的客氣是顧到了，但對不必要的人情則不大注意到。」

今年已經八十五歲了，但他仍然沒有改變以前獨立自主的個性，在他所著的《八十述懷》一書中有這樣兩段話：「小時候（十三四歲時）我臨過字帖（柳公權、趙孟頫），到天津唸書就不拿毛筆了，直到來台灣這幾年，因爲親筆寫信，不願假手祕書，才又拿起毛筆，但仍舊未下工夫。我想，一個人不論做什麼事，打球也好，下圍棋、寫字也好，總要自己以爲有心得，才會有興致繼續去做。有人說我的字像二王，其實我並沒有刻意去臨……。我認爲，寫毛筆和奏樂一樣，可

當一個人自己生活裏的一種藝術享受，不必和人較長短。」

另外一段是：「我記得十幾歲離家北上天津時，母親叮嚀：『所有的襪子、手帕、襯衫、內褲，都要自己洗，不要給洗衣房洗……』從那時開始，經過留學，留居國外，這個習慣我還保留著。今天在台，有時仍自洗手帕、內褲、襪子等……。」

的確，吳大猷的生活過得很簡單，也很平淡，他不抽煙、不喝酒、不交際應酬，也不喜愛旅行，唯一的興趣除了物理外，偶爾聽聽音樂、看看書，寫寫文章，喜歡一個人獨自思考問題。他説：「我可以説是不熱情、不大主動和人來往的人，我懶得應付一些説話敷衍、客套、不真誠的人。如此處世固然有點極端，但在我的學術生活中和我目前的工作上，卻無所謂，大家都知道我個性本來就這樣。」

曾經看過吳大猷文章的人，由於他的言詞敏銳，或許以爲他的爲人嚴峻。事實上，他是位隨和，沒有架子的人，平時對人也很簡純客

氣，在一般場合，他對人的尊稱都用「先生」，不帶頭銜，同樣的，除了開會等正式場合外，他喜歡別人稱他「先生」而不是「院長」，他認爲「先生」就是對別人最好的一般稱呼。

由於吳大猷種種獨特的個性，加上曾經發表過有關宗教迷信的文章，因此曾有些媒體報導他的個性或和宗教信仰有關。對此說法，吳大猷坦然的說，他說他從不去想文化信仰、生活哲學這一類深奧的問題，他本身也沒有宗教信仰，但也不反對宗教。他自感小時候接受家庭和母親的道德、倫理觀念的培育，無形中已對中國的道德倫理有強烈的印象和信念，可是他從不輕談復古或全盤西化的理論，也不唱「中學爲體，西學爲用」，他認爲對事物自有他的一套看法。

簡樸的生活

走進廣州街的廣博大樓，上了五樓，再轉行左翼的一道長廊，這兒便是科導會的辦公室，同時也是吳大猷的「家」。

他的居室有一房一廳，一張床和一張書桌和一套沙發，其餘最多的是書，可是他並沒有豪華的書櫥，所有的書都放在通常的鐵櫃裏。他說：「一些東西用久了都有感情，實在捨不得換，而且幾年來什麼地方放什麼東西，我都很清楚，換了位置反而不習慣！」

事實上，吳大猷是個相當勤儉和念舊的讀書人。今年五月中旬他到大陸參加學術會議，他所攜帶的手提箱，竟然已經有三十年以上的歷史了，這個箱子非常古舊，鎖匙已失，故用繩子捆著，在機場送行的沈君山便建議他在香港換個新箱子，可是吳大猷卻堅持著說：「不用換了，這個箱子好好的，還可以用啦！」此時，隨行採訪的記者便開玩笑的說：「這個箱子，配上他滿頭的白髮，還真像個漫畫型的人物呢！」

幾十年來，這種獨特的造形便是他給人最大的印象，過去曾有人形容他是「台灣的愛因斯坦」，也有人說他是「無敵鐵金鋼」裏那位足智多謀、富有正義感及不求享受的好博士，其實從吳大猷的生活小點滴中，不難發現他是位絕對重視精神生活而輕物質享受的人。

民國七十二年，吳大猷剛被選上中研院院長，當天下午，他在清大還有兩堂課，在上課途中他獲得電話告知他被選爲院長，可是他並沒有因這項喜訊而耽誤上課，仍然上完了課再返回台北。

當他回到住處時已經晚間七點了，連飯都還沒吃，於是他便從冰箱中拿出一盤餃子，交給工友幫他煮熟，然後就一邊吃餃子，一邊陪幾位記者聊天，對於被選上中研院院長之事，更是隻字不提。想想，若一般人得此消息，必會大請宴客，慶祝一番，可是吳大猷卻能做到一簞食、一瓢飲，其志節和淡泊名利的個性，完全在那盤餃子中表露無遺。

二十年來，吳大猷一直獨居在廣州街的科導會，平時他大部分的時間都用於讀書、寫作或看看舊照片，直至七、八年前，每天早上會到植物園散步半小時，出了一身汗回家，九點動身到南港中研院，下午回科導會。昔日他所喜愛的網球，在民國七十年後，醫生以爲過於激烈，便叫他不要打了，如今他很少出門，而唯一的期許就是把身體照顧好。

幽默的智慧

在吳大猷的文章中，常會出現許多巧妙的譬喻與諷刺，有的看了會讓人捧腹大笑，有的略有警世作用，可是當中卻潛藏著許多深奧的學問。

數年前，吳大猷和幾位好友開會閒聊，其中提到M_1、M_2……

等（M^1、M^2……等乃貨幣學中的名詞），其實吳大猷所談的並不是這些名詞，他真正的用意是把「人」列成一個表來當成遊戲，他說：「對於『人』，我將他分成S（Sapiens）種，其中有S^1，S^2、S^3、S^4、S^5、S^6等『屬』。S^1（Superficiality）膚淺；S^2（Stupidity）愚蠢；S^3（Stubbornness）固執；S^4（Selfishness）自私；S^5（Senility）衰老；S^6（Sans everything）無知識、無鑑別力、無忠誠、無一切。有了這些分屬，便可做一遊戲，將自己知道的人，報章常見到的人等，按此分屬。在生物學中，各種屬是互不相容的，但在這個遊戲裏，有的人卻可以跨屬，如S^1，S^2，S^3即是膚淺，又愚蠢，又固執，按此鑑別，列成一個表，我發現屬於第一類S^1的人最多，屬於第四類的也不少；真正屬於第五類的是少數，如是自己的相識或朋友，跨屬愈多，愈宜敬而遠之。」

另外還有一個諷刺一般人機率觀念謬誤的例子，他說，有一個病

人去醫院看病，經過檢查後，醫師告訴病人須動手術，病人問這項手術的死亡率如何？醫師坦白的說，這項手術一百個病人有五十個人死亡。但隨即他又安慰病人說，目前已有五十個病人死去了，所以請他不必害怕。

又有一個類似例子，有一名旅客問航空公司，飛機有人埋放定時炸彈的機率有多大？航空公司說是百萬分之一，這個旅客又問，同時有兩個人埋放定時炸彈的機率有多大？按機率的理論是百萬分之一的平方，這位旅客經過考慮後，決定自己攜帶一枚定時炸彈上飛機，他認為這樣可以減低飛機埋放炸彈的機率。

許多人都知道吳大猷對政治没興趣，但没有人說他不關心政治。數十年來，吳大猷曾發表過不少諷刺性的政治文章，其中有幾篇頗令人回味。民國七十八年三月四日，他在民生報以「制衡」說的一首「詩」，論及「國家」、「政權」、「政黨」的微妙關係。

文中提及，他在一九三一年初到密西根大學所在的「安阿堡」時，同住在漢彌爾頓「街」四一一號的李柏齡告訴他一首打油詩，內容是，一個「文人雅士」到一處名勝古蹟遊玩，看見牆上有許多遊客提名簽字，他搖搖頭，便隨手提了：「如此放大屁，爲何牆不倒？」過一會兒他又到牆的另一面，看了看，又在牆上順手一提：「這面也有屁，把牆頂住了。」吳大猷認爲這首詩不是「好笑」，而是含有「制衡」的大道理，它可適用於兩個相對「國家」、「政黨」、「政權」，甚至兩個人。他又說：「假如我們有時覺得某一個政黨爲何不倒，看一看，想一下，便發現另一個對立的政黨，正符合了這首『詩』的後兩句。」

另一篇則是在民國七十八年十月二十七日也是在民生報發表的文章。題目爲「這裏說服力弱，嗓子大些！」大約五十多年前，曾經讀過一則幽默小品，內容是敘述一位牧師在教堂佈道後，忘記帶走他的

講稿，有人將他的稿子翻開來看，發現講稿上有紅筆註：「這裏說服力弱，嗓子大些！」由這則故事，吳大猷將它譬喻目前有許多的市議會、省議會、立法院中，有些質詢者不只是「嗓子大些」，而且常用污語、指罵、吵架、身體語言，甚至打架方式來代替質詢，他認爲一個「法治」國家應該講「理」，不是靠「嗓子大些」就能解決事情的。

最傾心的音樂家

吳大猷喜愛聽音樂，其中讓他最傾心的音樂家便是克萊斯勒，他說，他崇拜克萊斯勒的程度，甚至有超過大物理學家。

吳大猷首次和西洋音樂的接觸，是在十幾歲時經由留聲機片所啓發的，當時並沒有人向他介紹過任何音樂家或演奏者，完全是憑著直

覺選上克萊斯勒的片子，後來克萊斯勒也變成他對小提琴音樂演奏的標準。

一九四七—四九年吳大猷在紐約時，每個星期日當他翻閱紐約時報的副刊時，首先必看各電台該週的音樂節目和欄中作家的名字，若看見有克萊斯勒的名字，他便感到一種說不出的、輕微的快樂，又聽到別的小提琴名手在演奏會裏演奏貝多芬的小提琴協奏曲，採用克萊斯勒所作的Cadenzes（裝飾樂段）時，他則會特別的傾聽，而且也會移愛到這個小提琴家的身上。吳大猷自承自己對克萊斯勒的崇拜，漸漸由理性的而變成情感的，到了「迷」的程度。

過去在抗戰前，吳大猷買了不少克萊斯勒的唱片，不過都已經遺失了，現在還有一本一九五〇年Lochner爲克萊斯勒所寫的傳，這本書也一直陪在吳大猷的身邊，有空他常拿出來翻閱，其實他已經看過不知多少遍了，對於克萊斯勒的一生幾乎不用看書也能描述得出來

。

克萊斯勒的小提琴作品和他的演奏，有獨特的創作風格。他生於一八七五年，他誕生奧地利的維也納，從小就有音樂天分，三歲時就略懂音樂，七歲進入維也納音樂學院，畢業時以高級班第一名畢業，當時年齡才十歲。後來他父親又將他送往巴黎的音樂學院深造，三年又以優等第一名成績畢業，一八九六年前的三數年間，他在維也納的音樂作家聚會中，得與音樂泰斗Brahms的接觸，受益頗多，而他的音樂修養也因此大有長進。

對於克萊斯勒獨特的音樂風格，吳大猷在他所寫的一篇「我最傾心的音樂家克萊斯勒」一文中，就有這樣的描繪：「克萊斯勒天性淳厚、樂觀和活潑，在音樂技巧上，他已進入了神妙的境界。但他不是一個只以技巧來炫耀的人。技巧在他，只是一種工具罷了。他著重的是音樂的『解釋』。他不拘謹的、呆板的照著樂譜中每一節拍音符；他是

將全篇作品的結構、情緒綜合融會的表達出來。他不怕流露情感而又不過火……他站在台上時的魁梧身體，慈祥的臉色，從來不作特異的搖擺動作，給予聽者一種說不出的感覺。……在諸多小提琴家來評論比較，克萊斯勒則是大家公認爲超然的、唯一的一個人，他是一個『完全的小提琴家』，是幾代中不易產生出來一個的天才。」

曾經有人問過吳大猷爲何特別喜愛克萊斯勒的作品？他說：「我不懂音樂的理論、樂曲的結構，甚至連五線譜都看不懂，至於對克萊斯勒的作品，全憑直覺，但我的直覺，也讓我知道什麼我喜歡，什麼我不喜歡。」

多年來吳大猷一直喜歡輕鬆的曲子，當然不是那些現代的流行音樂，而是純屬古典音樂範疇，近年他蒐集了不少錄音帶，有買的，也有音樂家送的，他幾乎已將音樂視爲生活的一部分。不過最近較少聽了，他說只有兩種情況才會聽，一是身體不適不願做事時，二是有逢

星期假日，至於演奏會就更少了，不過以前若逢上知名的或自己喜歡的演奏家，如胡乃元、林昭亮等，他都會買票去聽。

平易中的不平凡

雖然享有許多的殊榮和學術界崇高的地位，但吳大猷給人的感覺並沒有傲氣和架子，反而從其平易的言行舉止中，看出他平凡可親的一面。

有一年「大人物雜誌」的編輯去採訪吳大猷，攝影記者利用各種角度陸續獵取鏡頭，閃閃的光芒不斷在他身邊閃爍，這時吳大猷被搞煩了，便開口直說：「再照！再照就作鬼臉嚇死你！」於是，那一期的雜誌便出現一張吳大猷睜著圓眼、鼓著腮幫、伸長舌頭的照片。

對於吳大猷的平易近人，曾經對他做過數次採訪，並留有深刻印

象的台視記者葉樹珊和中視編審黃宗倫皆表有同感。葉樹珊說，當年她在中廣當記者時，因新聞所需，首次去採訪吳大猷，在出發前有些同仁告訴她：「吳大猷是會罵記者的！」但是她還是硬著頭皮去找他，在採訪前，她按照循例將吳大猷的工作、學術成就，向聽衆做一簡單的回顧解說，沒想到吳大猷卻高興且誠懇的對她說：「妳是第一位把我介紹得如此詳細且準確的廣播記者，謝謝妳！」聽完了這句話，葉樹珊心裏頗爲感動，同時在採訪的過程中，她也發現吳大猷是位平易近人的長者，不僅講話富有幽默感，且閒話家常，毫無拘束完全不像外界所傳的「苛刻」，她認爲，吳大猷之所以會拒絕新聞媒體的採訪，最大的原因就如他自己所說的「有些記者程度太差，敬業精神不夠」。

另外，認識吳大猷將近有七年，且曾經在擔任「民生論壇」編輯時邀過他稿子的黃宗倫，一提起吳大猷，她毫不猶豫的說：「吳先生

是位可敬的長者。」

過去她和葉樹珊也有同樣的想法，回顧第一次採訪吳大猷時的情形，黃宗倫記憶猶新的說：「我也曾經聽過吳先生對記者的『要求』所以第一次採訪他時就特別謹慎，事先我還打電話到中研院試探是否願意接受採訪，可是沒想到吳先生一口就答應，且叫我當天下午兩點到科導會找他，照我過去的採訪經驗，若要見到一位頗有知名度的人，必須事先透過祕書或約了一段很長的時間才能見到，可是吳先生並沒有如此『架子』，往往一個普通的人找他，即使不認識，電話也都是自己接，他常說：『只要我做得到的地方，我都不太願意去麻煩別人。』官員如此之多，但能像吳先生這樣的人大概不多見了！」

的確，由於吳大猷平時不擅交際，又加上經常發表一些批評性的文章，難免引來外界對他形象的錯覺，事實上，了解他的人都知道他是位感情濃厚、可親可愛的長者。目前在科導會已經待上十一年，現

在負責吳大猷三餐主廚的江月嬌有感而發的說：「當時被派來當吳先生的廚師，心裏雖高興，但是又怕做不好這項工作，幸好吳先生是個很好伺候的人，他吃的範圍很小（不吃米飯、喜愛水餃、麵類），但不會刻意挑食。另外他對一般人也相當尊重，包括工友和我，平時我把飯菜端入他房間，他一直說謝謝，有時連我都感到不好意思，的確他是一位沒有架子、令人打從心底尊敬的長者。」

八十五歲了，這是一個人生命中多麼難得的里程碑，普通人到了八十五歲，大都會拋棄周邊繁雜的思緒，做一個「三不管」的人，但是吳大猷卻是藉著不斷的工作、無休止的奉獻，來充實自己的歲月。所謂「德不孤必有鄰」，吳大猷他一生對國家社會的關心，正顯露出他平易中不平凡的一面。

記憶力過人

一個人到了八十五歲，還能記得六、七十年前所讀過的課本內容，這不是新聞，真正令人感到稱奇的是，吳大猷竟然能將他過去所做的每一件事情，包括內容、地點、年月日期記得一清二楚，且毫不凝思的敍述出來。

一九八七年三月二十二日、五月八日，吳大猷分別在美國紐約州水牛城接受史耐德（Laurence Schneider）的訪問（史耐德是位歷史學教授），當時，吳大猷並沒有帶任何的預備資料，完全是憑記憶，其中有許多問題都已經距離吳大猷有一甲子以上的時間，可是他還是記得清清楚楚，例如：「祖父一八八九年中進士，一八九一年任翰林院編修，父親一九〇一年中舉人。……張伯苓先生於一九〇四年創辦

南開中學，一九一九年又創立了南開大學，一九二三年成立女中以及幼稚園。我在初中時學代數、三角、幾何。高中時，在數學方面，我們讀立體幾何、解析幾何、高等代數，高三時讀微積分、化學方面，高一有基本化學，英文每週三小時的『讀本』，是用『泰西五十軼事』，高一教英文的是戴秉衡先生，高二有六小時的英文，其中三小時的會話課是應尚德教授太太教的……。」

另外，又有一次，吳大猷到立法院備詢，其中有位立法委員問他前兩年中研院的預算數字是多少？吳大猷也毫不猶豫的答覆出來，當時這位立法委員還以爲吳大猷早已有準備，所以又「考」他中研院幾個研究所的成立年代，吳大猷仍然不經思考的答出，後來這位立法委員便私下向其他的同仁說：「我一生從來沒有稱讚過學術界的人，唯一例外就是吳大猷，因爲他頭腦清楚、反應快、不做作、不答非所問，不怕得罪人、有魄力、有擔當、肯做事，是政府官員當中難得的人

才。」

除此之外，吳大猷也是一位處事相當謹慎細膩的人，這種現象可以從他平常的讀書態度中看出，就如他所看過的「三國演義」來講，一般人對於消遣性的書籍都很少會去特別研究裏頭的情節，可是吳大猷不但勤加眉註、對照前後年代的推演，一發現有疑點便打個問號，譬如，阿斗在長坂坡時才年僅半歲，十七歲娶了張飛之女爲妻，張飛的女兒也才十七歲，但「三國演義」爲何不曾提過張飛娶妻之事?另外，劉備見到趙雲時，書中描述趙雲當時還年輕，但是從趙雲死後的年齡和年代推算，趙雲又比劉備大上二歲……。由以上這些細節看來，的確不難令人發現一個成功者的過人之處。

當「官」的哲學

社會治安的敗壞、民意代表的圖利關說、政府官員的貪污玩弄權勢、知識分子良知的蒙蔽、無知良民愚昧的跟隨……等等，吳大猷語重心長地說既然知道自己的缺點，而沒有勇氣去面對、求解決，只有誇大、說假話、欺瞞自己，製造虛表，社會風氣如何會改善？

他認爲，社會風氣的改善固然需要普遍民眾的配合，但是政府官員不能沒有「知識、遠見和魄力」，更重要的是，要有說「不」的勇氣和擔當，面對無理的要求敢說「不」，面對刁蠻的悍民也要敢義正辭嚴地說聲「不」字，絕不能因受之威脅或民意關說，而失去爲民謀福的立場。

吳大猷同時也感到我們的行政效率偏低的原因之一，是我們很多官員抱有「多做多錯，少做少錯，不做不錯」的觀念。他舉例說，每隔時日報紙都會報導一些中毒事件、交通事故、色情場所氾濫等社會問題，而遏阻這些問題的發生，政府都設有專屬機關，可是一定要等

到事情的發生或媒體的報導後，這些機關才會匆匆忙忙的出來解決，等「五分鐘」熱度過後，事情不再發生，政府也不再去重視，「一筆帶過」，這就是有責任的人，不去「想」，一切又復常態了，甚少謀問題的解決的。

「家事、國事、天下事，事事關心」，從多年來吳大猷對國家社會所投入的關懷，再細心尋繹地寫過數百萬言的建議、批評性的文章，都是發自於他內心的心聲。雖然這些文章不免得罪於人，但他認爲只要能影響幾個人便感到滿足了；他曾屢次的說，他從來不要去「討好」任何人的，他不在乎別人對他的看法。想一想，一個年歲如此之大的人還有如此憂國憂心的情懷，那些平時只愛阿諛獻媚、蒙蔽事實，批評別人的政府官員難道不覺得羞愧嗎？須知我們的社會需要的是一羣富有正義感的人，而不是將歌功頌德當有趣的人。

民國 78 年（1989 年）4 月，吳大猷于立法院備詢，不耐煩時的模樣。

喜與憂

對於社會風氣日益敗壞，吳大猷認為學校和家庭教育應負很大的責任……

第十一章　喜與憂

「學術」對我是一種「癖」，它影響了我對人的看法，我敬佩努力學術，尤其不爲名利而誠摯爲學的人；反之，我鄙視假學術而求名位的人。

公德心和禮貌

隨著生活水準的提高，人們對於公德心和禮貌的注重也隨之淡薄，吳大猷認爲，提高生活素質，不只指物質方面的享受而言，也不僅

指純屬個人自身的修養，如文學、哲學、藝術、音樂的欣賞而已，它還包括使人在人羣社會中仍保有適當的禮儀道德和活絡和諧的生命企圖，也就是說重視「公德心」、「禮貌」和「守規律」是每個人生活在這人羣中最起碼的要求。

對於社會風氣日益敗壞，吳大猷認爲學校和家庭教育應該負很大的責任，他說，現代的家庭組織和以前不同，小孩放學回家，父母還在上班，缺乏關愛和管教，許多孩子在得不到家庭溫馨的情況下，流落電動玩具店，甚至在外製造事端，從前那種大大小小規規矩矩的風氣已經很少了，大家對傳統教人修身爲人之道的哲學、禮貌、公德心等也淡薄了。

吳大猷舉例說，七、八年前，他每天早晨都到植物園散步，隨手丟棄的煙蒂、飲料空罐、紙盒仍隨處可見，更甚者還有人故意往荷花池吐痰、丟垃圾，幾乎是肆無忌憚的糟蹋。

談到「禮貌」，吳大猷更感慨的説，我們社會的氣氛，是貪、利重於仁、義，欺騙取代了誠信，兇暴取代了愛恕，奢靡取代了勤儉。街道車流紛亂，不守規矩，阻礙交通者比比皆是；另外，還有一些人穿著背心内褲、赤足拖鞋，嘴叼香煙、口吐檳榔汁，在公共場所隨意進入，不僅有礙觀瞻，同時對國家形象更是一大損害。他認爲，近幾年來，國人常自豪外匯存底高居世界前幾名，國民所得每年都在增加，可是我們的國民道德良知卻每年在低落，這些現象絕不是良性的表現，只能説我們物質生活比非洲那些國家過得好些，若要比「道德良知」，恐怕我們還不及他們。

對於「公德心」和「禮貌」觀念的培養，吳大猷認爲務須從幼年開始灌注，在家庭中，父母家人要以身作則，在學校，老師應該重視德育觀念的教誨。絕不可以一味只爲了學生的升學，家長、學校的壓力，而失去一個爲人師表的責任和立場。

人情味與公務員的服務態度

中國人自稱自己是「禮義之邦」，每當國外來賓來台灣訪問，電視或電台廣播總會在尾語加上「某某人對台灣濃厚的『人情味』留下深刻的印象。」，可是仔細看看我們周遭人情味的淡薄，再看看我們大多數「公務人員」的服務態度，有禮貌？有人情味嗎？這句話是否適用在大衆傳播媒體上來告知觀衆？答案應該由每個有目共睹的人來評斷。

過去吳大猷就在他所發表的一篇有關「人情味」的短文中提到，一般顧客一進入商店，服務人員都會客客氣氣的招呼，但是若到了郵局、銀行或政府的小機構，那些坐在櫃台裏的服務人員，不管男的或女的，大都是板著臉孔，有問題請教他們時，都是不耐煩的，用最少

、最簡單的幾個字回答，如果聽不清楚再問一次，他們就會大聲或不高興的臉相向，相反的，若是遇到一個有來頭的人，不僅不用排隊，甚至連主管都會自動出來幫忙，這些「服務人員」更是必恭必敬的爲他服務。

吳大猷還舉了兩個例子，他說有一位朋友，因事打電話到一個鎮的辦事處，詢問關於一些文件的事，接電話的人是位工友，竟然在電話裏罵他朋友「囉唆」，而最令人感到訝異的是，這個辦事處還在報上說爲了便民，他們所提倡的「禮貌第一，服務第一」已經獲得良好的回應！

另外一個例子是，有一次他在公保醫院附近的一個停車站，看見一位五、六十歲的男子由診所出來，眼睛顯然是看不見車前的路號數字，於是他便問剛停下來的一輛公車的車掌，那位車掌竟然說：「你又不是瞎子，爲什麼不自己看？」當時在旁的吳大猷內心氣憤的說：

「如果那位病人或在旁的人，給那位車掌一個耳光也不爲過。」

關於上述的例子，吳大猷深表無奈和痛心，他說，我們社會人情味的淡薄，主要是受到濃厚私人主義觀念的影響，許多爲大衆服務的公務人員，常自以爲是「鐵飯碗」，不靠任何人的臉色吃飯（其薪資來源便是人民的納稅），因此對於沒有耐心的事，常以「愛理不理」的態度待之，這些人不僅談不上有「人情味」，甚至連一個普通待人的禮貌都不懂。

對新聞界的期許

新聞媒體是社會大衆獲取資訊最捷勁的管道，人們可以從它看到社會的是非善惡、真善美醜的各面；但如它做不客觀、錯誤的報導，小則影響一個人，大則甚至整個社會國家。因此，吳大猷對於媒體和

記者有極高的要求，是有道理的。

在平居生活中，只要吳大猷有空，對於來訪的記者都予以會見，而且也很健談，若是話不投機，吳大猷也會顯得不耐煩，有時還會不客氣的教訓記者，要多看書、多用心。他告訴這些記者，在採訪一個人前，要訂出一個「主題」，對被採訪者的背景要下工夫，有些概略的了解，如此雙方談起來才不會沒話題，否則只是浪費雙方的時間。

他舉例說，常有很多記者到他那兒問了很多問題，他也對記者說了許多話，可是隔天見報，不是本意不符，就是與原意相左。有時記者得到不實的消息，不求證實，即「想當然耳」的報導出來，沒有一些責任感。至於電話採訪，吳大猷更是生氣，他說：「有些重要的問題，關係面很廣，絕不是三言兩語能說清楚的，可是一些記者只聽了幾句就捕風捉影，添油加醋，我沒說的話卻被加了進去，說的反而被刪除，所以電話採訪是草率的，也實在沒什麼道理！」

對於這些無奈的事，吳大猷雖然生氣了，可是卻很少出面更正，也很少因此而拒絕記者再度的造訪，但是「教訓」受多了，吳大猷也自有警惕，他說：「能說就說，不能說乾脆就自己寫了！」可是，記者「捕風捉影」的工夫確實了得，前年某晚報登載「吳大猷辭職」的不實消息。不久又有某大報刊登某人緋聞案的細節報導，數日後在原版只以「純屬虛構，謹此致歉」的字語將此事輕易帶過。可是當事人卻爲了這則不實的新聞差點走上絕路，對於新聞媒體這種拿人名譽來開玩笑的作法，吳大猷以爲：「一個報紙在社會的聲譽和地位，應是它的報導平實、立論觀點正確，以及健全的取捨水準所建立的。故意去挖別人的隱私或寫些危言聳聽的文辭來表現自己的風格，企圖迎合民衆的口味，這是非常低級的想法和作法。」

吳大猷認爲，一家報社要獲得社會大衆的尊重，除了報導要正確外，記者素質的培養也很重要，他說，有些記者常仗恃著採訪的自由

，養成高傲自大的心態，對於被採訪者往往以「詢問」的方式，完全不懂人際之間的禮貌，像這類的記者又有何資格擔任社會大衆的傳播者，其所報導的新聞公正性也令人質疑。

報紙內容品質的日愈低落，正反應出記者和編輯素質的良莠不齊。吳大猷說，有些記者在對人、事未徹底了解前，即「亂捧人」，舉例來說，某大學有位教授，人際關係不錯，而且也小有名氣，但他對台灣學術界的貢獻並不是很多，可是記者竟然沒有經過採訪，也不知道此人的過去背景，就私下大作文章，將他「捧」得天花亂墜，其實文章裏頭的每一句話都有問題。另外又有一例子，即有位民意代表，平時在議會經常吵吵鬧鬧，讓人印象極爲惡劣，可是在選舉前，記者對他做專訪，他竟然大言不慚的說：「我這幾年來的表現可說對得起選民了！」沒想到記者對這些話也不去查證或認識，完全照著被採訪者的話照登，等於被採訪者假借記者名義在報上製造自己形象。吳大

猷說，利用報紙罵人固然不好，但利用報紙亂「捧人」更是一種可鄙的行爲，有人認爲只不過登他一篇文章、一段話，沒有關係，可是嚴重的話，將誤導讀者的認知，製造錯誤的形象，尤其給予一些人不應有的知名度，對社會是有不良，甚或嚴重的影響的。

報紙不僅爲社會報導正確的新聞爲主旨，它同時也引導社會大衆的思想觀念，對國家社會的影響頗鉅。因此，吳大猷常面勸記者要有知識、有勇氣、有正義感，對人、事做客觀的審評和報導，絕不可以迎合報社的特色或銷路需求，而失去記者本身的尊嚴或良知。

媒體的道德

記者的工作就是採訪新聞，他們的責任，是做正確的報導，這是毋庸置疑的。但是，若依恃著採訪自由而侵犯別人的權利或製造別人

的困擾，這便是一種不道德的行爲，同時也會令人感到厭惡。

對於台灣許多記者的敬業精神，吳大猷認爲那是新聞界的福氣，可是令他感到憂心的是，部分媒體爲了「搶獨家」，經常無視於被採訪者的感受，連其個人隱私也被搬上螢幕。

「採訪」享受它的「自由」，但亦有「道德」上的限制，例如「報導」不包括別人的隱私，或不正確的新聞。吳大猷的經驗中，有下列的例子。民國七十五年，中央研究院舉行第二屆國際漢學會議開幕式，到中午十二點三十分電視台播報新聞時，他的致詞，只有背景聲音，其餘的描述由記者代達，記者所綜合的話，沒有一句是他說過的，例如「……這次連政府首長都沒有邀請，是因爲這是學術性的會議……」又在酒會中，因有許多來自歐、美、日、韓等國的學者，所以他用英語致詞，而播報的記者竟然又將他沒說過的「把台灣成爲……國際公認……的漢學中心」加進去。

此外，吳大猷又舉了兩個親身經歷的例子，民國七十五年十二月二十日，他參加同步輻射指導委員會議，會議結束後，許多記者和攝影記者湧入會議室，向主任委員訪問會議結論。當時，他將開會前及會中的各項資料，裝在一大封套內，在離開會議室不到一兩分鐘後，資料封套已不翼而飛，他再向同步輻射會裏的人查詢也沒結果，後來才知道是記者拿走了，雖然資料上有他的名字，可是始終都沒有「物歸原主」。

又本今年六月中旬吳大猷從大陸回來，因身體不適至台大醫院檢查，未料一進入病房就被一些記者包圍，在未經醫生檢查前，記者竟然問他：「吳院長你有什麼病?是否要開刀?需不需要住院?」，當時還有一家電視台的記者硬是强行採訪，攝影機還不時對著吳大猷，即使他伸手去阻擋，這位攝影記者依然强行要拍，後來新聞播報時即出現吳大猷的五隻手指頭。對於上述的事實，吳大猷感慨的説：「身

爲記者，敬業精神固然重要，但是如何去尊重被採訪者更是重要，雖然記者有採訪公衆人物的自由，但他還沒有揭人隱私的權利，生任何病，那是一個人的隱私，就連醫生也不能隨便告訴別人，若記者要刊登也必須尊重當事者的意見，這是最起碼的禮貌，可是我們的記者大都没有這些共識和觀念，而令人不明瞭的是，記者刊登這些病人的病歷，對社會又能產生什麼樣的影響？若說有影響也只是給病人帶來困擾而已。」

一九八八年，美國著名的女記者兼心理學家雪莉，應倫敦大學之邀至該校演講，其中有幾句話頗值得新聞媒體參考：「……一個成功的記者要在人際關係中樹立起良好的形象，最起碼的要素便是學習如何去尊重別人。我的原則是，有害於國家社會的新聞，我不寫。對他人造成身心損害的新聞，我不寫。假借新聞，圖利歌頌別人的新聞，我不寫。不是新聞的新聞，我更不寫。……身爲記者，不要太過主觀

，常站在別人的立場想，久而久之，你會發覺自己的職業是很『可愛』和『神聖』的……。」

自國內報禁解除後，新聞媒體因受到競爭的影響，在品質上已有些改進，可是，爲了競爭，許多媒體同時漸漸失去了它應有的道德良知和立場，甚至對人、事常做出不客觀的報導，其中以「蓄意捧人」、「濫用名詞」、「小題大做」等現象最爲普遍。吳大猷曾在民國七十六年十二月所發表的「對報紙的期望」一文中，就有這樣的看法：「客觀的審評政府的政策、措施及人事，本是民主社會應有的基本態度。以對『人』而言，我們的報紙往往只憑一些不相干的因素和浮面的印象，稱譽某些人，爲他們在社會上塑立虛而不實的形象（故意作『秀』者，媒體更不應該報導，以免替其製造知名度和誤導觀衆）。反之，我們的報紙，甚少對人事做負面的批評，須知分析評論他們的政策、措施、魄力等，與做人身攻擊大有不同，毋需迴避，只要有深入

的了解分析，維持高的衡量水準即可。」

國會鬧劇的隱憂

近年來，立法院所經常出現的肢體衝突，已成了國人隱以為憂的「國會之恥」。

自拳腳功夫的螢幕搬上國會殿堂後，全國大小議會也隨之「跟進」，幾乎演變成今天大則動武、小則抗爭的場面，而最令國人深以為羞的是，國會鬧劇的不雅畫面竟然出現在日本和英國的電視上，同時也使我國國會留下一頁不名譽的恥辱。

對於這些不高明的胡鬧劇，甚至可說是某些委員的「作秀」方式，吳大猷並不重視，他認為大人玩這種遊戲是非常低級幼稚的做法，身為一個堂堂國會議員不為國民楷模，反而要讓選民來為他的行為擔

心、羞恥，這種民意代表是國家的不幸，非選民之福。

吳大猷認爲，既然有許多國會議員那麼喜愛練拳腳功夫，「不如將立法院搬到中正文化中心的國家劇院，一張票一千塊，反正好玩，大家都可以去看看！

其實，真正讓吳大猷憂心的並不是立法院的鬧劇，因爲隨著時代的變遷，這些無謂、老套的做法遲早都會被淘汰，而真正讓他深以爲憂的是，有些表面打著民主、人權旗幟叫囂吶喊的人，他們從不知國家民族、社會整體的重要性，只爲了圖謀個人的政治利益與名利的野心，對於這種人，吳大猷認爲一個人最大的無恥也莫過於此。

過去吳大猷曾說：「做官的不能没有知識、没有遠見、没有魄力。對於從事政治者，他必須要有國家民族觀念，必須要有大我、全體的體認，絕不能自私自利的只重視自己的發展。」可是令他感到失望的是，不管是政治人物或政府官員似乎都缺乏上述的共識。他舉例說

，每次政府拆違建、闢道路，若遇到民衆阻擾，民意關説介入，政府的公權力便因此喪失，毫無一個政府應有的魄力和擔當，再則還有些民意代表者，專門走旁門左道，不知身負選民寄託，假公濟私，其真正的目的便是利用特權圖謀私利，這些潛在的問題才是國人最大的隱憂。

談到政府的公信力時，吳大猷直言不諱的説：「近年來台灣社會有許多事，使人們感歎政府公信力的低落。政府的獎罰無常，縱容姑息，制法不周延，執法不嚴，致使人民蔑視法規。其中所謂的『制法不周延』，包括許多明知其本身不合理、不能嚴格執行，而仍制定的法規。」

他舉例説，多年前政府就説要整治淡水河，許多專家學者也説要擬出一套保護淡水河的方案，可是相隔數年仍無動作，如今淡水河快成爲死水了，沿海的貝類也陸續中毒死去，但是河旁的各型工廠、養

豬戶所排放出來的污水依然隨處可見，絲毫沒有改善的趨向。按照常理，政府既然有心要做某件事，應劍及履及，對環境政策擬訂環境保護法！經濟部也應有各種工廠設立地區的規畫，以及防污設備的規定，政府更有權有責命令相關機構嚴格執行法規，但就上述的情形而言，我們法規雖訂了很多，相關機構也設了不少，可是卻做得很少。吳大猷認爲，一個政府要取信於民衆，最主要是公信力與公權力的維護，任何一件建設或改革，只要是對的，而且對絕大多數人有利的，政府應該拿出魄力來，不要畏懼於關說或特權的介入。相對的，政府給予百姓的承諾也要兌現，若只是經常開「空頭支票」，應付應付，最後必會被百姓所唾棄，將來在公權力的執行上，也無法贏得廣大民衆的支持。

社會問題知多少

數十年來，台灣在國人勤奮的努力下，創下急速的經濟發展，使民生富裕，國民生活水準逐漸提高，其奇蹟性的成就已爲世人所稱譽，同時也讓每位國人深感自喜和驕傲。

但是往往成功的背後都須付出相當的代價，隨著社會的繁榮，人們急功近利，學術氣氛反顯低落，整個社會價值觀更隨著功利主義的觀念而改變，尤其「暴發戶」式的繁榮，使我們許多人失去了固有的道德良知，而成爲唯利是圖、罔視法律、自私自利的人。

每當提起這些社會病態，吳大猷那兩道白眉一聳，心裏便充滿激怒的說，近年來台灣社會，充滿了投機、賭風、欺騙、盜劫、兇殺、綁架、走私、違法營業、違章建築及青少年犯罪率日益增多等現象，

若做進一步分析，除了「利」的動機佔大多數外，其餘就是政府給予他們太多「機會」。他舉例說，違法吸收資金的組織，原本剛成立時才三、四家，政府明知這種組織是不合法，但卻視若無睹的縱容他們數年之久，目前數量已增加到百餘家，若突然取締，勢必又要引起抗爭或走上街頭。又如其他的不法建築、非法營業場所，當初興建、開幕時就得取締，不能等到民衆檢舉或出了事情，認爲事態嚴重時才說「不合法」。吳大猷覺得政府這種「頭痛醫頭，腳痛醫腳」的處事態度，簡直可用「應付」兩字來形容。

除此之外，吳大猷也認爲賭博是社會病態的根源之一。他說，台灣許多大小工廠常向政府抱怨工人難尋，要求政府大量引進外籍勞工，其實台灣工人缺乏的原因，並不是工人不夠，而是許多人寧願放棄正常的工作，只求以逸代勞、一夜致富的心態，這些人雖短暫能獲得心理的滿足，長久下來，最後總在無奈的情況下，淪爲搶、騙、竊、

擄人勒索，乃至殺人等，社會問題便由此產生。

事實上，台灣的社會問題已有明顯的惡化，這種說法可從每年入獄人數逐漸增多獲得證實，然而令人遺憾的是，政府明知社會問題潛在的危機，但卻只圖治標而不治本，平時只有「五分鐘」的熱度，或者「一筆帶過，草草了事」，根本不從基本問題下工夫。諸如，遏阻青少年犯罪率增多應從國民教育著手，但是學校的「放牛班」卻依然猖獗，政府又常說要整頓社會風氣，可是每日報紙一翻開，「官商勾結」、「民意關說」、「官員貪污」、「選舉買票」，更是比比皆是。須知一個國家要富强，政府要受到百姓的尊重，除了政府執法要嚴厲、公正外，對於官員徇私舞弊、貪贓枉法更應嚴格處治，如此才能以服民心。

民國八十年一月二十九日，吳大猷在「民生報」發表的一篇「台灣社會失序的治標治本問題」，文中指出，當前台灣社會問題的整頓

應從根本做起，他認爲治標是法律的問題，治本則是國民教育的責任。所謂教育，則是智育教育之外的德育，國民有了潛在的修養、公德心、守法觀念、自尊心、榮譽感及不貪婪和進取心，則犯罪率自然會減少。青少年犯罪率日增，根本上也是教育問題。他更是强調，一個人的「本性」及智愚，雖多決定於遺傳（基因子），但在其幼年、最敏感時期，接受外來影響的能力亦最大。故教訓小孩爲人的道理，應從小在家庭中開始。父母應以身作則，無時無刻的將禮貌、是非、守規、誠實、愛、忠、恕，甚至仁、義、知恥等觀念，灌注入小孩心裏，使它們對小孩成爲天經地義的道理。更重要的，使他們成爲此後一生對外來病毒的「抗原」。這種訓練，亦即「德育」，比智育更重要。

凡事多用腦筋想一下

近年來台灣的搶劫案頻繁，小則搶店舖，大則搶郵局、銀行，而且成功率之高，令人深以爲憂。

對此現象，吳大猷以爲我們社會中有許多人沒有警覺性，不用腦子。他說，有些銀行的「保全人員」，經常在短短的運鈔途中被劫，而每次被搶的現鈔都是用手提袋裝，便於攜帶，歹徒不用經過任何繁瑣過程便可輕易得手，簡直像「送禮」。他認爲，運送現鈔主要是在求安全，一個既簡單又安全的方法，便是用一個需要三、四個大力士才能搬得動的大鐵箱來運現鈔或珍寶，搶匪即使劫了也跑不快，用機車或轎車載運，搬上搬下也需費手腳，雖被逃脫也容易被捕，如此一來匪徒即不敢貿然嘗試，劫鈔案自然會減少。

雖然這種方法用在目前時代裏，似乎不太科學，但他仍認爲，任何有助於防止搶劫之舉，都有嘗試的必要，至少比出事後懸賞去捉人有意義多了。

由懸賞引發的另一問題便是「錢」，吳大猷經常感歎的說：「不要以爲錢能辦任何事！」他指出，每當遇到重大搶案或兇殺案，政府必定懸賞，每逢大災害，即大發撫恤金，每次飛機掉下來，才知道飛機要換新，我們有許多問題都在「每每」中醒悟，「每每」中痛定思痛，但又卻在「每每」中不了了之。他認爲，我們求處理問題的辦法，應是求制度和效率的建立、增強，獎賞、撫恤無論來自政府或社會人士，皆是出自於「人情」，但是若不對基本問題著手，光用錢來補救，這和救濟「難民」又有何差別？

以發展科學而言，吳大猷又說，近年來我們列在「科技」項目上的預算，每年約二百億元，成立許多研究所及中心，購置不少最新的

設備，擬訂若干尖端、重點科技，可是任何高級科技，基礎人才或專家皆感缺乏而需由國外延聘，而許多負責發展科技者，多更未真正明瞭為國家發展科學，比「錢」更重要的是「人才」。

住屋問題

談到「住屋問題」，便讓人聯想到帶有幽默性的「無殼蝸牛」組織。數年前，某報的「大家談」專欄就出現這樣一則「真人真心談真事」的諷刺性笑話，作者是位中學教師，沒有任何人事背景，他自知本身買不起民宅，因此和隔壁一位官員的親戚去同時抽籤等國宅，沒想到隔壁朋友不到兩年就接獲通知，而他竟然等了六年仍無音訊，一氣之下就參加了「無殼蝸牛」的活動，遊行那天，他在頭巾上寫著：「有人等四年，有人等十年，有人等到死還輪不到，政府啊！政府，

您是要讓我等到死後，做鬼來捉您，您才願意將國宅配給我，是嗎？」

這雖然是一則笑話，但也真實反映出無住屋者的心聲，事實上，隨著房地產價的飆漲，一個薪資階級的人，若想在台北市買公寓，是不可能的，就算每日節衣縮食，大概也要等上二、三十年，而許多建設公司，房屋仲介公司，甚至一般住戶的房東，即是利用這項弱點而四處購置房屋租售，企圖壟斷市場房價，但是政府又奈何不了。近幾年媒體又不斷刊載政府有意建國宅，出售房屋而不出售土地之議，可是房屋既然是私有，則不僅可轉售，而且又能歸併改建，不肖建商依然可以大肆購取再予轉售，政府雖有土地權，又將如何？長久後，「違章建築」第二春又再復活，政府還是要再傷腦筋。

對於上述所舉的住屋問題，吳大猷認爲，目前許多人所需要的不是購置房屋公寓，而是可以合理租金租到的住處，政府與其建造國民

住宅，遠不如制訂「國民福利」的方案，建造出賃的公寓，讓住戶有更大的選擇空間，亦可減輕住屋者的負擔，遏止國有土地流落少數人之手。

另外對於報紙刊載，政府有意採取課重稅以遏止人民擁有一戶以上的房屋，吳大猷認爲這是不智之舉，他說，如人民不能有一戶以上的房屋，則對土地的面積，是否也有限制?若姑且不論這樣的限制是否實際可行，這種涉及到基本政治社會的問題，除非人民能接受，而政府能拿出絕對的魄力來，否則，與其只有好高鶩遠的想法，倒不如從實際問題著手。

附錄：

吳大猷八十五自訂年表

吳大猷八十五自訂年表

一九〇七年　九月二十九日出生於廣州。父國基（一八九七？—一九一一）一九〇一年舉人，母關嘉娥（一八八二？—一九四五）。祖父桂丹，號秋舫（一八五五—一九〇二），一八八九年進士，一八九一翰林院編修。

一九〇九年　父母由粵遷天津。父出仕吉林省，母留居天津。

一九一一年　父卒於一〇一〇—一一年間的關外大疫，隨母回粵。

一九一三—一五年　隨母由粵遷天津。時伯父遠基家在津，五叔配基由德國返國，爲旅津粵紳設計壓油廠事。

一九一五年　春，伯母丁氏肺病亟，舉家遷返粵。母攜我及四叔（綿基）嬸從弟大立留居廣州，祖母伯父則居肇慶。入番禺縣立兩等小學。

一九二〇年　畢業於高等小學（該時是初等小學四年，高等小學三年制），考入廣府中學。班中約五十人。學校較教會的中學爲守舊。第一學期出榜，班中名列第二；學年考試爲第一。

兩年來課餘是繪水彩畫，間亦刻石章，臨柳公權玄祕塔。家中只有小我兩歲的從弟大立，故甚少兒童的戲玩。

一九二一年　伯父應旅津粵紳之邀，赴津創辦「旅津廣東學校」（中、小學），攜從兄弟大業、大任、大立及我去津，入南開中學（舊制的一年級）。這是決定我一生前途的第一個機遇。

一九二二年　學校改爲三三制，我入初中三。兩年來最大的進步是英文和數學（代數及幾何）。

一九二三、四年　讀高中一、二。化學、英文的教師，有上海聖約翰大學畢業的儲潤科、戴秉衡二位。英文讀本尚有一美國女教師及南開大學應尚德教授夫人（華裔），數學則有北京大學畢業的劉乙閣及南京東南大學的張先生（即所謂Descriptive Geometry），獲益良多。

一九二五年　讀完高二，決將高三的「大學普通化學」自行讀畢，去投考南開大學的礦科。國文、物理的成績平平，數學、英文、化學的成績甚好，得錄取。一年級科程有英文、微積分、物理、定性化學分析、礦物學、岩石學、測量學、工程繪圖。秋，與丁文浩（丁文江先生之弟）配隊，獲文、理、商、礦科際網球雙打冠軍，得銀牌一，不幸於一九二九年畢業時遺失。

一九二六年　夏，北伐開始。捐款辦礦科的李祖紳先生的礦業情況困難，不能繼續支持，學校只好將礦科停止，決改入理科的物理系。秋，入二年級，以上年的成績爲礦科（及理科）的最高分，得免學費宿費（共九十元）的獎金。夏，在南開中學的暑期學校教代數；又爲華僑廖氏兄弟補習英文和數學。每日共上課補課六小時，每週五日，爲時六週。共獲一百八十元，一年的費用，綽有餘裕了。

二年級選習國文、高等微積分、初等力學、電磁學、電磁度量、近代物理、氣象學、定量化學分析。「近代物理」使我開了對物理的竅和興趣，漸爲饒師毓泰注意。

一九二七年　暑假又教南開中學的暑期學校。讀 A. Sommerfeld 的名著「原子結構和線光譜」的德文原本及英譯本，蓋一面學其內容，一面習德文也，又一面讀一面英譯 M. Planck 的（德文）「熱輻射」及半；中譯 O. Lodge 的英文「原子」一書。

秋，入三年級，選「世界文學」、高等解析幾何、複變函數、高等力學、光學、氣體運動論、物理化學、直流交流電機、無線電等課程，任預科物理實驗助教，每月十五元。時飯廳伙食，日兩餐，每月五元。

與四年級的龔祖瑛、沈士駿、楊景才組讀書報告會。龔讀統計力學，沈讀電動力學，我讀相對論。

一九二八年　四年級選近代代數、高等電磁學、微分方程、德文。代數第一學期終，姜師立夫使讀一本 Bieberbach 氏著的微分幾何（德文的），做一報告，因這和我習物理的廣義相對論極有關也。

冬，漸識時在物理系一年級的阮冠世。

一九二九年　畢業後，考清華大學的公費留美未獲取（考取的是清大畢業的周同慶）；因初識阮冠世，考不上，留校任教員，亦好。夏，由津乘船經香港、廣州返肇慶，見到別離了八年的母親。八月中

又拜別母親，至上海，見庶祖母，同去徐州，見四姑丈母（陳繼承、慕墀）。

返津，回南開大學。邱師宗岳（理學院院長）使我授近代物理和高等力學，我讀古典力學，自己獲益甚多。那年饒師獲中基會研究獎助金去德國，陳師禮辭職去海京工廠任工程師，新聘盧祖貽（麻省理工的電機碩士）只授預科及大一的普通物理，我也「做先鋒」了。

是年秋，蔣廷黻、蕭遽、李繼侗皆接受了清華大學之聘離校，蕭公權去東北大學，湯用彤亦於此年先後去中央大學。南開大學的教授陣容，忽形薄弱了許多。

我住教員住宅（在「百樹村」）中，時以盛五加皮的罎子，隔水燉瘦牛肉成汁，使工友送去女生宿舍的阮冠世，伊體弱，似已患肺病，思以牛肉汁增加滋養。

一九三〇年　仍在南開大學，自習古典力學、量子力學甚勤。秋

，在南開中學授高三的物理，每週去上課三次。

一九三一年　春，經饒師（時在德）及清華大學葉企孫先生的推舉，獲中基金的乙種研究獎助金。初計畫去德，隨 A. Joffe 學晶體物理，後恐語言不便，乃改去美。夏，去河南駐馬店，在四姑母處借了三千五百元，她又贈我五百元，爲出國旅用費。

九月初與冠世由津去滬，乘船經日本、加拿大之溫哥華往美之西雅圖。同船有張茲闓、錢思亮（在頭等艙），及南開的同班楊照等多人。抵芝加哥，適爲「九一八」日軍佔瀋陽。

楊與我同去密西根大學，冠世則去紐約州之 Elmira 女子學院，因伊獲該校一獎學金也。

一九三二年　六月得碩士學位。冠世來密西根讀暑期學校，得學士學位（工程物理），時醫發現伊有肺病，即入醫院月餘，施手術於膈神經，盛意是使橫膈膜不動，俾肺可休息（此是該時的治療法，無

效且有後遺症）。暑期中的物理研討會，得聽 Heisenberg 講六週。一年中，因冠世病及經濟拮据，精神及生活上頗感有壓迫。

一九三三年　六月得博士學位，同時被選爲 $\rho\beta\kappa$ 會員，爲全校研究生中四名被選者之一，一榮譽也。又得中基金乙種研究奬助金，故決留校繼續研究。冠世亦繼續在工學院爲研究生。冬，伊復病，先住校醫院，後遵醫去紐約北 Serenac Lake 的 Trudeau 療養院。此學年中，研究工作漸展開，經濟上亦稍舒，但冠世病，憂慮仍在。

一九三四年　夏，接饒師由北京大學的聘書。乃於暑期物理研討會後，先看冠世，後東去紐約哥倫比亞大學 Rabi 氏初期的原子束實驗；去劍橋的哈佛及麻省理工學院，西去加州理工學院。八月中由舊金山乘船抵滬。由滬去香港，返肇，迎母親北上。先去香港，乘船至滬，乘車至北平。在平，與密西根同學高文源夫婦同賃居於東皇城根大取燈胡同，距北京大學甚近。

五歲喪父，今二十八歲，始克奉養母親！

一九三五年　華北日人逼迫日亟。冠世出紐約之療養院，乘船回國，伊父母皆住北平。春，伊患肋膜炎，每日高燒，先入「德國醫院」，似無治療法。後住一位盧大夫所設的療養院，經夏至冬，時稍癒又病作。春，P. A. M. Dirac 來北平，在清華、北大講相對論之電子方程數次。我爲學生及同仁做「預備的」演講數次。我於一九三二年春曾聽 Uhlenbeck 講此理論一學期，尚知多少也。

一九三六年　冠世稍癒。她家有姊妹弟六人，我想我可給她較多的愛護，乃決於九月六日結婚，由蔣夢麟校長證婚。我的二姑母三姨母等由津來，庶祖母四姑母等則由漢口來，大姨母則本住平的。婚後冠世仍每日微燒，秋冬多病臥，醫割去扁桃腺，亦無影響。

一九三七年　春，冠世可起床。「七七」後數日倉卒與母親去津。母親留津，住二姑母家。九月與冠世由津乘船至青島，乘火車經濟

南、徐州、鄭州至漢口，渡江乘火車至長沙。十一月與冠世由長沙乘船至漢口，乘歐亞機至成都，就中英庚款董事會在國立四川大學所設的講座教授。

一九三八年　日機時臨昆明。初夏，與冠世飛昆明，歸隊於國立西南聯合大學，與饒師聚，思稍慰其哀師母去世之情。秋，著手寫「多原分子的結構及其振動光譜」專著（爲紀念北京大學四十週年而作），稿成於一九三九年夏，由饒師帶去滬付印。

一九三九年　上述的書，獲中央研究院的丁文江獎金（三千元）。

一九四〇年　日機來昆漸頻。秋，由城內（周鍾嶽府）遷至距北門約五公里之崗頭村。學校決將一年級新生在四川敘永設分校上課。我留昆，仍住崗頭村；遷川或可無空襲，但冠世身體實不勝旅途之苦也。

一九四一年　春，英譯 E. P. Wigner 的德文「羣論與其在原子光譜之應用」一書。秋，授古典力學，班中有四年級的楊振寧、黃授書、張守廉、李蔭遠等，及燕京大學畢業來隨我研究的黃昆。第二學期授量子力學。

一九四二年　春，日軍攻入緬甸。余伯成表弟夫婦狼狽由滇緬公路退至昆明，余乃空軍地勤人員。覓我至崗頭村，屈住數尺見方的小「門房」者數月。她的頭傷口未癒，隨空軍去廣西。

一九四三年　春，由崗頭村乘馬拉的板車入城途中，墜車受腦震盪，昏迷數日。及我漸癒，冠世乃病倒，心臟衰弱，在生死邊緣者數個月。危急時入昆明西郊外車家壁的惠滇醫院分院數月。至是乃「一貧如洗」，冠世的一個金鐲亦售去了。

一九四四年　日軍困戰於太平洋，空襲昆明已止。冬，乃遷至抽籤獲得的學校在昆明城內西倉坡所建的宿舍一間。至是毋需每日奔行

崗頭村與學校之間，但通貨膨脹加速，生活漸苦。

一九四五年　春，李政道來投，八月抗戰結束。冬，應軍政部部長陳誠之邀，與華羅庚去渝。商建立國防科技問題。

一九四六年　春，學校「復員」，與冠世飛渝候機位返平津。五月得間乘空軍機飛北平。

六月奉軍政部派出國考察科技，又奉中研院朱家驊先生命，代表中研院赴英，參加皇家學會（延期）舉行的牛頓三百年誕辰慶祝會。九月由英去美，在芝加哥與冠世、楊振寧、李政道聚會。李即留芝加哥大學。我與冠世決先訪密西根母校。冠世又入醫院月餘。李之外，遴選出國的另一人，朱光亞，亦去密西根。

接受密西根大學「客座教授」之聘。授「分子結構」一課。與Uhlenbeck 師作核子散射的研究工作。與昔日系中教授相見甚歡。

一九四七年　夏，密校留我，但我決去哥倫比亞大學，從事核子

實驗或其他（原子、分子外）的研究工作。到哥大後，與Rabi談後，絕不做用Cyclotron的工作，而做原子束分子束的實驗工作，在哥大授「原子物理」一課程。

一九四八年　仍子原子束實驗上費時不少，有兩個研究生合作工作。紐約大學來與Rabi商，請我去授量子力學一課程。在哥大授理論物理一課程。在哥大兩年來，先後與W. Heitler、H. A. Bethe、G. Bernadini過往；他們皆來訪問一個學期的。

春，中央研究院在南京，選出第一屆院士八十一人。我被選，但數月後始知之。

一九四九年　秋，加拿大國家科學院（ＮＲＣ）副院長Stacie創新政策，增強基礎科學部門，設三百餘博士後獎金，廣攬世界各國研究員（歐洲、日本、印、美、加、遠至澳洲），聘G. Herzberg爲純粹物理所所長。後者覓一廣博的理論物理學者爲理論物理組主任，

乃與我商。我出國時初以二、三年爲期，向軍政部覆命。然該時大陸情勢日變，軍政部（時已改爲國防部）已無暇國防科技計畫，故決暫留外。茲加拿大來聘，故決先去加，候觀局勢再行返國。

一九五〇年　夏，赴在墨西哥舉行之美國物理學會讀一關於「自游離化」的論文。返加途中適韓戰發生。

大立弟嫂請人帶葆之，由港飛至溫哥華，再由人帶來渥太華。請胡寧來NRC兩個月，講量子電動力學的新發展。參與者有J. Pirenne、D. Riviere、S. Shanmugadhasan等人。

一九五一年　馬仕俊由美來NRC，他夫婦及小男孩即住我家三樓，馬乃我一九三四年回國在北大四年級的學生，一九三七年考取英庚款去英劍橋大學，一九四一年春返國（昆明），抗戰勝利後一九四六年初又去美（普靈斯頓高等研究院），去都伯林、芝加哥，至是因韓戰，中共之參入，故美國移民局一度下令「中國」「物理學家」皆

限時出境的。美國人往往幼稚無知如是也。

理論物理研討會又加 S. T. Ma、Corinaldesi、L. Trainor、E. Bauer 等人。

一九五二—三年 在風景優美的 Rockcliffe Park 村小湖邊購地，自行設計一屋，一九五三年春，屋成。

一九五四年 夏，哥倫比亞大學 C. H. Townes 請我去授暑期學校中熱力學一課程。即住李政道家。秋，西屋子的物理部主任 Albert 擬聘我去任職，我雖無意，但不妨一去。到匹茲堡，在西屋子公司及匹茲堡大學物理系各做一演講。見孫漢觀。

一九五五年 五月在NRC組了一個大規模的研討會，本以 Dlrac 爲主的，唯他於由印度至加途中患黃膽病，留溫哥華即不能東行。該研討會則仍進行，到者有 E. Wigner、H. A. Bethe、S. Chandrasekhar、V. Weiskopff、G. Wentzel、M. E. Rose、J.

Eden 等數十人。

會後，Dirac 病已癒，乃請其夫婦來渥太華NRC三個月，伊每週參與我們的研討會。冠世時款之以「中國菜」。

一九五六年　秋，應胡適之先生之邀，舉家三人由舊金山乘輪經日本（在神戶換船）於十一月抵台，在台大任中基會講座教授，授古典力學及量子力學二課程；同時上課者有清華大學原子科學所第一班研究生。連續不斷的上課至翌年四月初。在台的公開演講中，介紹楊振寧、李政道、吳健雄等關於宇稱性的研究工作。數日後，他們的重大發現果公佈於世。

光復後的台灣，百廢待舉，教學及學術研究人才及設備皆缺。政府財政困難而軍費不可少。然我以為教育及學術人才為一個國家之本，財政無論如何困難，政府亦應擬一長期性的學術發展政策及計策。

一九五七年　四月初，中央研究院在台召開（一九四八年在南京

選出的第一屆院士）首次院士會議，我建議政府擬訂學術發展計畫。

夏，被選爲加拿大皇家學會學侶（院士）。秋，赴加拿大物理學會在加西避暑勝地 Banff 舉行之物理研討會，講散射理論三週，爲後寫「量子散射論」專著的張本。與會者有 E. Wigner、J. Schwinger、J. Bardeen 等，後者講他和同事們的超導性新理論。

冬，李政道、楊振寧獲諾貝爾獎；皆函我，表感在昆明受教之意。

一九五八年　春，胡適之先生由紐約回台（任中研院院長職）前，函請擬一發展科學的議案。胡先生得陳誠（行政院院長）之支持，於該年冬成立了「國家長期發展科學委員會」。胡先生任主任委員，梅貽琦先生（教育部部長）任副主任委員。經費由公營事業盈利撥若干百分點，雖爲數甚微，但這是開政府直接支持學術研究的先河，意義極重大。

秋九月，去普靈斯頓高等研究院，至翌年春五月返加，同時在彼者有Dirac、Uhlenbeck。由後者的年前一討論會的講稿，引起我對氣體及電離體的運動論新發展的興趣，爲我在一九六〇—六六年間在此方面研究的起點。

一九五九年　日本物理學家大村充由東京大學來NRC，從事有關散射理論研究，我建議的第一項工作乃太陽大氣中氫負離子之連續吸收光譜，改進S. Chandrapekhar早年的理論；次邀他與我合寫《量子散射論》的專著。即開始合作工作。

一九六〇年　秋，應邀參加美數個大學組織的中美學術研討會，在西雅圖華盛頓大學舉行。台灣學者有胡適之、羅家倫、毛子水二十餘人。美國有華大之Taylor，時爲美駐日科學參事之Otto Laporte，普靈斯頓的J. A. Wheeler等多人。會畢，胡先生與美國的「亞洲基金會」洽捐款中研院設數學物理講座事（三年，每年一萬美元）。

十一月應瑞士洛桑大學邀，去講學一學期，至翌年二月。講氣體運動方程的新發展（一九四六年以來的Bogoliubov等人的理論），與Stuekelberg、Rivier研討時，解答了困擾Stuekelberg的一個問題，即與Rivier合寫一篇「機率性與時的箭向」論文。

一九六一年　秋，應邀返台出席「第二次陽明山會議」，出席者多乃國外學人及報界等人士。會中戴運軌先生提議總統聘「科學顧問」，當時我即指出，如人選不當，易有問題，不如即以中研院的全體爲總統的學術（包括科學）顧問。自此張其昀先生即不再與我「寒暄」了，後徐道鄰先生在一短文中說，我的一句話，即值得這次會議所費云。

一九六二年　時在加京NRC。二月應胡適之先生召返台，赴中研院院士會議，二十四日於會後茶會道別時目睹胡先生心臟病發去世。胡先生引入西方治學方法於中學，倡語體文學，治學勤且謹嚴，爲

人正直，獎掖後學，與我無師生誼而愛護有加，一年來屢盼我來中研院推進數學物理研究工作而未如命，哀愧並生。

春，在渥太華接蔣夢麟先生電，轉達總統　蔣公望接受中研院院長職之意，亦接劉鍇大使由台來電，亦同此意。即電婉謝，蓋我從來無做事願望及經驗，自知無處人能力甚明；如胡先生尚未能爲中研院創新局面，則我更絕無能爲力；且個人工作、小兒與冠世仍在求學，實不易舉家來台。

「散射量子論」一書（與大村充合著）出版。

一九六三年　遷美。年初返台，協助中研院院長王世杰先生籌畫恢復物理研究所事，見總統、張羣先生（祕書長）、陳誠先生，應立法院茶會。這些都是前此不會做的事也。

春，葆之入加州大學柏克萊校，習數學、音樂，冠世陪他去加州。

秋，決接受紐約市布魯克林理工學院之聘，再度移民美國。該校A. Ferri氏擴展航空動力研究，亟擬得一對基礎物理有廣面經驗者，故爲我進行辦理移民「第一優先」事經年；我自己亦思在垂老前，仍能做些較積極的研究工作，在加之NRC雖工作自由，精神、生活皆舒適，但嫌略感鬆弛也。

到紐約，住該校在長島 Farmingdale 的研究所，講氣體及電離體（電漿）運動方程論，聽者甚眾。某日在講課中，甘迺迪總統遇刺，即停講。講稿基於前在瑞士的印就講義。後再修改，成一書稿。

一九六四年 夏，王世杰院長組中研究，台大與清華聯合舉辦之暑期研討會。我返台講氣體電漿運動方程論。講稿由 Addison-—Wesley 出版。

一九六五年 布魯克林校以大加薪及予我助理教授二人留我，但我感該校內部「政治」頗烈，不願牽入漩渦，決接受紐約州立大學水

牛城校之聘。

暑假返台講課，因醫疑有肺癌，故即返美，在柏克萊校醫檢查無事，心乃安。秋，至水牛城。冠世亦由加州葆之處來。物理系教授陣容甚弱。

一九六六年　秋，學校聽 I. I. Rabi 的推薦，請我任系主任。即展開物色教授。

一九六七年　春，接錢思亮函，達總統　蔣公屬意我任國家安全會議之科學發展指導委員會主任委員事，並請我返台。乃於春假回台。總統屬意甚誠，且允我毋需辭掉在美教職，於寒暑期中回台，在美授課時由錢思亮、閻振興二人協助即可云，故不敢堅卻。五月復來台。即建議改組擴大原有之「國家長期發展科學委員會」為「國家科學委員會」，隸屬行政院；建議學術行政職位（如大學的院長、系所主任等）的任期制；公營事業以營業總額之百分之一至二為「研究與發

展」的經費，及若干原則。

總統任我科導會事，頗爲華盛頓注意，蓋我非「政治人物」，此事代表政府的真心注意科學發展也。故四月，美總統（詹森）之科學顧問 Hornig 氏宴我於 Blair House，介紹美國政府有關科技的各機構的首長，並自稱爲我的「學生」云。九月，Hornig 奉詹森總統命，率科學技術人員來台。該時美國對華的經濟援助已於一九六五年終止，美國無法律給予我經濟的援助，該團來台之意，乃在了解我國科技學術情形，給予我們精神上支援而已。賀尼克博士見總統　蔣公，建議我政府宜致力於科技學術的發展，適宜的幅度爲國民生產毛額的百分之一至二云。他態度誠懇（他是物理化學家，非職業官僚），給總統以極好印象。他返美後寫給詹森的訪問報告，對我國皆實情而同情之詞。當時我政府中有人，仍給予人以美國將援助我科技發展，是倚賴美援成習慣了。報章屢載美將援我，使美大使馬康衛甚感尷尬。

我面告他我向總統說，我們不宜對美國有援助我們的期望，且總統亦完全同此態度，故馬大使毋需爲此抱歉。我爲使馬大使容易「下場」，建議美方可不動用款項，給我或借我一艘「藏庫」的船，爲我做海洋研究船之用，伊果大喜。事後不及兩個月，美政府確實給一約千餘噸的船。我駐華府海軍武官驗視後，以爲船或太大，維護費高，故請美方另覓一較小的船。翌年春，我去華盛頓美國務院，接受美國贈我一船（以船桅上小旗爲象徵代表），船命名爲「九蓮」。來台後，由國科會裝置導航定位等新科技設備，由台灣大學海洋研究所管轄作業。

十二月，總統核定科學發展基金（按賀尼克博士的建議，按我國的國民生產毛額計），每年約十二億元，以半數留做原子能發展，故年爲六億元。此數經行政院的計算，核減在高等教育經費中有關科學的爲數約一億餘元，核減前此包括在教育部預算而係有關國防科技的

一億餘元，又核減某名義下若干。故第一年（民五十八年會計年度）實得二億數千萬元。次年乃增至四億元；維持在每年四億元的預算者十餘年。總統初曾指示每年科學發展基金應按國民生產毛額遞增爲原則，唯未爲行政院所遵守。政府高級首長中之真正認識科學——基礎科學——之重要者，似唯有總統；惜他並不控制預算！

國科會的主任委員職，總統命我兼任；副主任由教育部部長閻振興兼任。

一九六八年　去年秋，王世杰建議我和美國訂一科學合作的「約」，美方立表同意。蓋自大戰後美國以經濟支援世界各國的款龐大，而成效不甚彰，正在籌思更改支援外國的方式，今得我方的兩國科技合作方式建議，以爲是一善策。故其國務卿在議會的報告中，特提及與我簽約的計畫，是在二月我國與美駐華大使簽雙邊合約之前也。簽約中，我國的執行代表爲國科會，美方則其「國家科學基金會」；每

年雙方擬定對策的預算。

秋，按總統 蔣公的指示，科導會擬訂一個「國家科學發展十二年計畫」。基本的原則，乃將有關國防科技，工業科技分別由國防部及經濟部負責；學府的基礎及應用科學、人文、社會科學等，則由國科會負責。其中人才培育計畫，有學術人員出國進修（年一百五十人），研究補助；以「客座」制延聘國外學人返國等。每年科學發展基金（四億元），乃由科導會擬定分配。

一九六九年 夏，去新加坡，與其財長吳慶瑞談其所擬高薪聘華裔物理學家計畫，建議其宜從事應用科技、醫等的發展。

辭去紐約州立大學水牛城校物理系主任職，俾得較多心力於個人研教及台灣科學發展事。

年來推動㈠台大的海洋研究所，㈡台大之船模實驗室，㈢請鄧大量、吳大銘等籌畫地震研究的設施，㈣在交通大學、台大電機系、成

功大學三處的電子科技研究等。

一九七〇年　夏，冠世獲博士學位（生物物理系），畢業典禮那天是她最高興的日子，許多來賀的朋友。

一九七一、二年　自一九六七年始，每年夏，由五月初旬至九月初旬，每年冬由十二月中旬至一月中旬，均回台，共約五個月。其餘的兩個學期，則在美授課。國科會事則經常先後由閻振興、鍾皎光、張明哲幾位副主任委員處理。

秋，赴華盛頓之國際純粹及應用物理聯合總會大會，會長爲密西根校友R. F. Bacher。

一九七三年　五月末李熙謀忽走告謂聞我有辭國科會職事。我雖是心無城府心機的人，至是亦悟，乃於二十九日面行政院蔣院長請辭國科會主任委員職，函未發，三十一日晨七時在網球場時，友人示以「聯合報」，則我辭職事已見諸報端。事實上，一月在台時，蔣彥士

曾建議我向在美的大學告假一年，長期留台；三月錢思亮離台去美訪各地院士時，彥士亦囑錢告我此意，只是我實不能告假，同時亦以爲國科會大事由每月的委員會處理，日常業務毋需我坐在辦公室的。彥士善意對朋友，至可感也。

年來科導會一再「精簡」，已無任何任務了。

一九七四年　由科導會邀黃少谷祕書長、張繼正（經合會）、朱登皋、傅家齊（交通部）、李崇道、王友釗、李登輝（農復會）、王兆振（工技院）、錢思亮（中研院）、張明哲（國科會）、孫震（台大），及閻振興、蔣彥士、張丹、田長模（科導會），探討我國工業研究發展計畫，及較廣面的工、農、交通的問題。

秋，代表中研院去土耳其伊士坦堡，赴國際科學聯合總會大會。王紀五、郝履成二人同行。爲維持我會籍事。

一九七五年　總統　蔣公逝世。

夏，應香港大學之邀，做學術演講。爲教育部舉辦大學評鑑事，本年辦數學、物理、化學、醫學、牙醫五科系。

一九七六年　秋，代表中研院去華盛頓，赴國際科學聯合總會大會，仍係維持我會籍事。

一九七七年　夏，應邀赴韓國慶北大學，講學一週，題爲統計力學的新發展。

年來所寫的「古典動力學」、「量子論與原子結構」、「電磁學」三書，已由聯經出版公司出版。

一九七八年　五月在紐約州立大學水牛城退休。物理系舉辦學術研討會，演講者有楊振寧、李政道、Novick, Ishihara，及同儕的論文集（由出版公司 Gordon and Beach 的代表獻書），晚間宴會由 Montroll 講演。

夏，由中國物理學會爲我七十壽（實則我已七十一歲了）。在自

由之家。中研院物理研究所刊出我年來在報章的中文文章兩册爲紀念集。

秋，去雅典，代外中研院赴國際科學聯合總會大會，仍爲維持我會籍事。繼由希臘去瑞典京城，赴國際純粹及應用物理聯合會大會。

一九七九年 夏，七月初經舊金山（見大業、夏培心、陳宗憲、陳曼虹）去水牛城，見冠世、葆之由歐返。冠世去Rochester余南庚處檢查心肺情形。她與葆之先返加州寓。八月初我經舊金山（見李榮章）返北。

冬十二月二十三日，應韓國慶北大學之邀，參與能源問題會議，讀一論文。回台之前夕，適值朴正熙被刺。機場一度戒嚴，幸午間機得離境。

教育部成立「科學教育指導委員會」，我爲主任委員，聘曾任高級教育首長及大學校長之習理工等出身者十餘人爲委員；國立師範大

學的科學教育中心（將擴大組織）爲執行業務機構，聘數學、物理、化學、生物、地球科學、工程各組諮詢委員，各十至十二人；擬訂預算（由教育部支持），進行國中、高中各學科各年級的教科書、教師指引等。

數年前我建議改編各科各級教材，目前乃能以大規模確實方式進行之。

「理論物理」第五册「熱力學」、「氣體運動論」、「統計力學」，第六册「量子力學」（甲部），已由聯經出版。

一九八〇年　一月二十五日抵 Newport Beach。冠世需氧氣助呼吸。去水牛城又返冠世處，二月二十二經檀香山返台。

八月二十三抵洛杉磯，李述忠夫婦接機逕去醫院看冠世。二十五日接她回家，仍需用氧氣管。九月初去荷蘭阿姆斯特丹，赴國際科學聯合總會大會。大陸未有人來。

十月七日接葆之電，知冠世病危。十日去美，伊在醫院加護病房。每日與葆之去院看她。至十二月二日逝世，享年七十二歲。自一九二八年冬初識伊，至此五十二年。她有志求學，惜體弱，一九三一至一九五〇年間，病魔纏身時爲多。一九五〇年後在加京渥太華，體稍佳，且葆之之來，給予她精神上情感上莫大的快樂。及葆之稍長，她又可重行入學，卒於一九七〇年獲博士學位，此後伊無師自通的繪水彩畫，在展出時曾獲獎。一九五〇年後的三十年，她大體上是快樂的，她的離去，是我失去我七十三年的生命中五十二年的伴侶！

「理論物理」之第七册「量子力學」（乙部），已由聯經出版。

一九八一年　春，發現心律不整，入台大醫院，經吳德祿教授診治漸癒。去年十至十二月，每日看見冠世病危在加護病房中的Stress，至此乃發作。遵醫囑，自此不再打網球了。

秋，代表中國物理學會，去巴黎出席國際純粹及應用物理聯合會

大會。

一九八二年　六月去大業處，見大任、陳鴳。武漢後，四十五年未見矣。

九月九日代表中研院出席在劍橋大學舉行之國際科學聯合總會大會，王紀五、蘇仲卿、蔡義本、周昌弘同行。大陸周培源爲首席代表。會中解決了懸了十年的會籍問題，即中華民國與大陸同時爲兩個各自獨立的會員，各有相等的權益。

九月十八日抵紐約，李政道來接機。二十一日去石溪。二十二日楊振寧六十壽。演講會及晚宴，九月二十三日到水牛城。十月三日經洛杉磯，葆之及浦大邦來接機。

一九八三年　一月應德國哥廷根的蒲朗克研究所的邀請，二十六日抵哥廷根，做兩週的訪問，與閻愛德同行。在德訪 Bonn 大學，Hamburg 的同步加速器及丁肇中在彼的實驗室，西柏林的同步加速

器實驗室，做講演兩次。去德前，一月二十三日先去新加坡，訪其大學，做講演一次。

二月八日由德飛波士頓至水牛城，住李榮章處。在水牛城處理房屋中書物完畢，即與房屋買主議妥一切，三月四日經洛杉磯返台。

六月去新加坡，赴「亞洲太平洋物理研討會」，做一演講。見楊振寧、周培源、黃昆及李蔭遠等。大任託人帶來祖父墓碑拓本。

五月錢思亮訪西德後去美接受其母校伊利諾大學名譽博士學位，又去各地晤中研院院士，六月中返台即入醫院，九月逝世。爲紀念文於「傳記文學」。

十一月中研院評議會票選我爲院長候選人之一，經蔣總統任命爲院長。

一九八四年 春，完成了「量子力學」（英文本）一書的稿，六百餘頁。

八月獲菲律賓麥格塞塞獎，爲我發展科學的貢獻，獎金二萬美元，惜因內耳平衡失常，頭暈作嘔，入台大醫院，未克赴菲參與典禮，請沈君山代領獎。爲自己國家盡心力，而獲他國頒獎，心裏總覺不自然。

十二月中研院院士會議，到會者八十人，爲前此歷年最多者。李政道夫婦首次參與，至以爲喜。袁家騮已抵港，因病留港，稍晚了數日。王世中病臥，未克出席。

在會期前後的個餘月中，各研究所舉行公開的學術研討、演講約八十次。

一九八五年　爲提高學術研究水準、氣氛，決修訂中研院研究人員續聘及升等之評審制度。在觀念上，爲絕大多數同仁及社會所支持。修訂規條，經評議會通過，呈總統府核准施行。

三月、五月、八月三度發高熱入台大醫院，發現肝內有一小膿包

，經注射抗生素兩週，以皮膚漸起敏感，改口服藥，膿包即消失，白血球數亦回正常。每次住院四、五週，做各部檢查。五月九日在直腸割小息肉一粒。攝護腺肥大，但無即用手術的需要，膽、膽管、心臟情況均好。

一九八六年　春，與中研院各所同仁擬訂「第二個五年發展計畫」。爲向社會及海外學人簡介中研院，特選「中央研究院的回顧、現況及前瞻」一文，載「中央日報」（及國際版）、「傳記文學」等刊物。

院士會議於七月末舉行，有生物醫學研究所、分子生物研究所、統計學研究所及原子分子科學研究所的落成學術演講會。此次院士會到院士八十餘人，人數爲歷居最多的。

「量子力學」（英文的）書已由新加坡之World Scientifit Publ. Co. 出版，有楊振寧及李政道的「前言」各一。原稿中有相對論量子

力學及場論兩百餘頁，決抽出，擬補寫量子電動力學引論後，做第二册。

九月二十八日按我國習俗爲我八十歲，實則七十九足歲也。儕友爲我壽的頗多，至感。楊振寧特爲此來台參與中研院院士會議。十一月二十二日哥倫比亞大學爲慶祝一九五六年李政道、楊振寧的宇稱性不守恆發現兼李的六十壽，舉行研討大會。我於十九日抵紐約，李來接機，即住李家。在大會時，見嚴濟慈先生，距在昆明時已四十餘年未見了。見王浩，即邀其明春來台講學，承允諾。又見西南聯大時的學生沈克琦，現北大副校長，伊代北大送仿古紅漆花瓶一。略談高中物理教材問題。

十一月末旬，經加州，訪喬玲麗教授於 Davis 加州大學，見李述忠、大業家、曼虹、李雅文家。

一九八七年　一月赴香港，應邀爲中文大學的楊振寧物理圖書室

開幕禮。室爲劉永齡查濟民二氏捐贈的。

四月五日先後陳省身、王浩應我請來台，在中研院、台大、清華講學。六月應邀訪韓國精神文化研究院。

十一月初赴曼谷，參加美國洛氏基金會舉行之「麥格塞塞歷居獲獎人大會」，到會者百餘人。返台途中，在香港，得與三姊明韶，大任陳鴞夫婦，六妹明哲，七妹明瑛祖楊夫婦，八妹明忻慕容當夫婦，九妹明玖，大剛，及由台去的五妹明慧，葆之團聚，九妹及大剛是從未見過面的；三姊則六十多年未見矣。我一輩的吳家子女，除大業在美未克做長航來港外，均聚一堂，殊不易得也。

一九八八年　一月十二日晨四時，心肌梗塞突發，六時入台大醫院，心臟受傷面積頗大，極危，幸無併發症，漸穩定，住院十週，漸恢復中研院工作。

九月國際科學聯合會總會在北平舉行第二十二居大會，該會會長

Sir Kendrew 及祕書長等皆甚盼中研院代表赴會。經一再向李總統陳述我國出席該會的重要性，卒獲派蘇仲卿、周昌弘、葉永田三人赴會。

七月中研院院士會議，並慶祝中研院六十週年到會院士人數九十二人，爲歷居之冠。

中研院「學術活動中心」大樓落成，有大禮堂、大小會議室、飯廳、客房等；外有游泳池、籃球、網球場。

秋葆之在加州結婚，鄭女士乃印尼華僑而在美長大的。我以年初心臟病，未敢遠行主婚。

一九八九年　心臟功能漸復，每三個月入台大做檢驗。春，前列腺極肥大，膀胱內有圓形石，醫（台大我的主治醫師連文彬）以我年高，且有過心臟梗塞，以爲非不得已時不動手術；停止 Tenormin 而服 Dibenylime，使小便略順而同時降低血壓。

葆之八月三十日得一子，我取名「柏仁」。十二月二十七日，葆之一家由加州來台見我，一月六日返美。

一九九〇年　一月十七日中央研究院組織法經立法院三讀通過，此乃中研院六十二年來大事也。新法廢總幹事職而改副院長制，修改人事單位結構及員額。基於此組織法，修訂評議會、院士會議、研究所組織規程、聘任資格審查委員會等規定。呈請總統聘原代總幹事韓忠謨爲代副院長。

七月開院士會議。

一九九一年　春中研院行政大樓落成。中研院來台四十餘年，首次的能將院長辦公室、祕書、總務、人事、會計、計算機中心等聚中一處，可望行政效率的提高。

韓忠謨以傷腿骨，辭副院長，呈請聘李崇道爲副院長，中研院第三期五年發展計畫（民國八十至八十五年），送總統府。

年初接美國密西根大學校長Duderstadt函，謂該校已訂於五月四日贈我榮譽科學博士學位。我自一九八七年初患心肌梗塞後，未曾離台一步；故我去台灣大學醫院連文彬教授做檢查後，始敢成行。適李政道夫婦於四月中來台，陪我於四月二十九日飛美，先去其家稍憩，於五月二日，政道陪我至密西根。三日密校物理系舉行研討會，學術演講有黃昆（由北京來）、朱經武、李政道（丁肇中以其實驗有重要事，臨時不克離，逼得將演講片寄來），楊振寧介紹我的「一生」，我講「在密校的回憶」。參與者三百餘人，頗出意外。

三日晚校長宴獲榮譽學位者（五人）和貴賓（約百人？），我駐美「代表」丁懋時先生亦被邀。宴後每一接受學位者由校方一人致介紹詞，即頒一「文憑」的銅牌（木底），各致答詞。

四日上午十一時（在大足球場搭台）舉行「始業典禮」，美總統布希夫婦亦獲榮譽博士學位。禮前伊夫婦與五位個別攝一照。十二時

禮畢，校長有一酒會。

此次榮譽學位事，由發起提名至組織研討會及餐會，皆吳銘賢院士、吳期泰教授、易家訓院士、物理系 Neal 主任等位的大力；楊振寧、李政道、黃昆、朱經武、丁肇中（後因事未克來）各位的學術講演，使研討會招徠多人。

一九九一年　中研院按新組織法，建議「特聘研究員」的設立，其最高待遇幅度大增，得行政院的核定，將爲延聘學術人才建立新制度，可謂一大事。

一九九一年　六月三十日，國家安全會議下之「科學發展指導委員會」，隨「動員戡亂時期臨時條款」的廢止而撤銷。「科導會」成立於民國五十六年三月二十九日，至此爲時二十四年零三個月；我任主任委員之職亦自動終止。

一九九一年　春，與黃偉彥合著的「相對論量子力學與量子場論

」（英文）出版。

一九九二年　一月，中國物理學會給予（第一屆）「特殊貢獻獎」。

一九九二年　五月十七日由李政道等四人陪同赴大陸參加學術會議，到了北京，中共中國科學院院長周光召、中國物理學會主席黃昆（執教西南聯大時的學生）、北大副校長陳佳洱、沈克琦、北京高能物理研究所副所長鄭志鵬、中國科學院與北京科技大學的研究生所副院長湯拒非至機場接機。

五月十九日在北京肥牛餐廳與中共中央顧問委員會常委蕭克見面（蕭克曾主管中共國防科技研究工作、與大陸物理界人士頗有淵源）。

同日由中共高能物理所所長方守賢、中共國務院航天工業部長林宗棠及李政道陪同下，參觀中共中國科學院北京正負電子對撞機實驗

室。

五月二十一日，出席「第一屆東亞太平洋超能超導對撞機研討會」，參加國家有美國、加拿大、日本、澳洲、俄羅斯、南韓、印度、中國大陸和台灣的學者，共一百二十餘人。

五月二十三日，由北大校長吳樹青親頒「北大榮譽教授」，在場觀禮者有化學家唐敖慶、地理學家侯仁之、經濟學家陳岱孫、中共國家教委副主任、中共中央委員朱開軒、中科院院長周光召、政協副主席周培源、中共科協主席朱光亞、中國物理學會主席黃昆和李政道等人。

五月二十四日，會見中共政治局委員國家教育委員會主任李鐵映。

五月二十五日，會晤大陸地區第一屆院士，當中有嚴濟慈、趙忠堯、貝時璋、湯佩松、黃汲清等五位。

五月三十一日，參加「中國當代物理學家聯誼會」，在北京釣魚台國賓館會晤中共總書記江澤民、中共國家主席楊尚昆、中共總理李鵬。

六月五日，獲頒南開大學名譽博士學位，由校長毋國光主持，在場觀禮者有陳省身夫婦、楊振寧、唐弟吳大任、中共國家教委副主任滕藤及數十年未見的老友及南開大學多位學部委員。

六月九日，首批應邀的大陸中科院學者來台訪問，當中包括談家楨、張存浩、吳階平、鄒承魯、盧良恕、華一中，六位偕同夫人。

六月十一日，結束大陸之行返台。

六月十二日，至台大醫院檢查身體，主治醫師連文彬認爲無大礙，住院一個禮拜後出院。

七月六日，主持中央研究院第二十屆院士會議。李登輝總統、行政院長郝柏村、總統府祕書長蔣彥士等部會首長及一百餘位海內外院

士列席。

祖父吳桂丹（秋舫）。

祖父吳秋舫之遺墨。

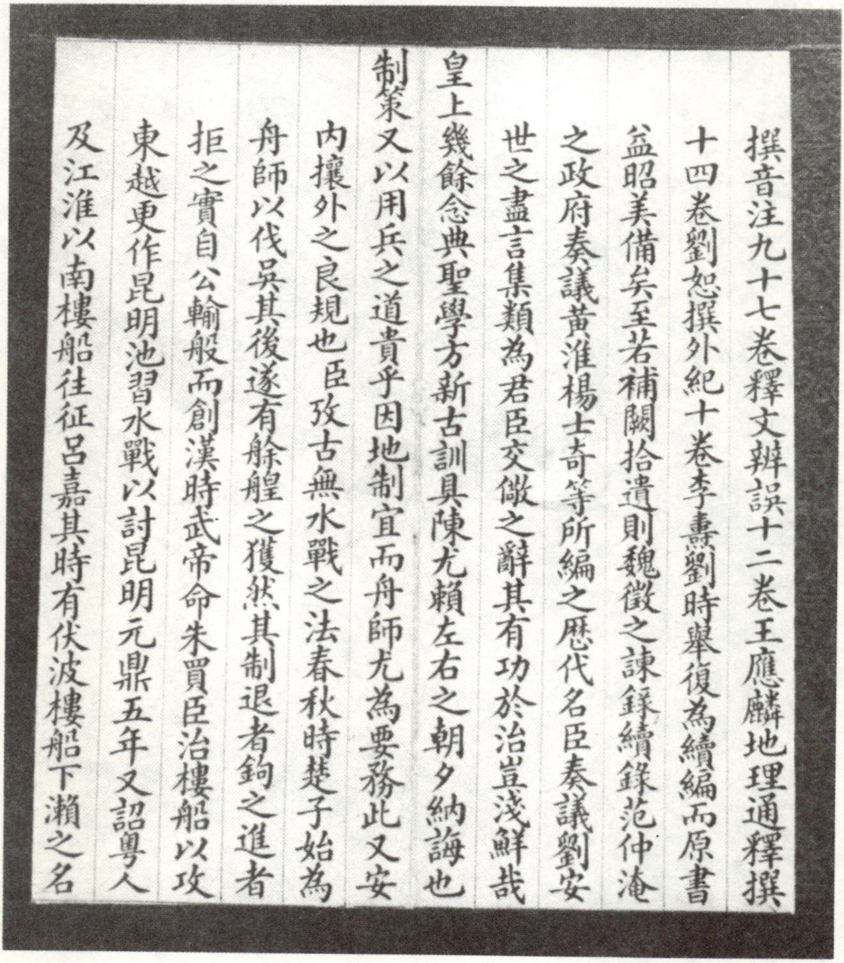
撰音注九十七卷釋文辨誤十二卷王應麟地理通釋撰
十四卷劉恕撰外紀十卷李燾劉時舉復為續編而原書
益昭美備矣至若補闕拾遺則魏徵之諫錄續錄范仲淹
之政府奏議黃淮楊士奇等所編之歷代名臣奏議劉安
世之盡言集類為君臣交儆之辭其有功於治豈淺鮮哉
皇上幾餘念典聖學方新古訓具陳尤賴左右之朝夕納誨也
制策又以用兵之道貴乎因地制宜而舟師尤為要務此又安
內攘外之良規也臣攷古無水戰之法春秋時楚子始為
舟師以伐吳其後遂有艅艎之獲然其制退者鉤之進者
拒之實自公輸般而創漢時武帝命朱買臣治樓船以攻
東越更作昆明池習水戰以討昆明元鼎五年又詔粵人
及江淮以南樓船往征呂嘉其時有伏波樓船下瀨之名

父親吳國基。

吳大猷（前排左二）及其家人。

民國 35 年（1946 年）春初，吳大猷與家人合攝于北平。前排左起：四姑、庶祖母、四姑丈（陳繼承），後排左起：陳綱、阮冠世、吳大猷、陳越。

民國 25 年（1936 年）秋，吳大猷（二排中立者）與母親（前排左一）、庶祖母（前排右一）、三姑敏墀（二排左一）、四姑慕墀（二排右一）合攝于北平。

民國 45 年（1956 年）冬，吳大猷偕妻（右三）、子來臺，錢思亮陪遊日月潭，與毛王爺公主合影。

民國 56 年（1967 年）冬，吳大猷與陳大齊同獲嘉新特殊貢獻獎，中立者爲王雲五先生。

約爲民國 50 年（1961 年）左右，吳大猷與兒子吳葆之打網球（攝于加拿大）。

民國 73 年（1984 年）11 月，吳大猷與子吳葆之攝于台北科導會。

民國 80 年（1991 年）5 月，吳大猷與一歲又五個月大的孫子柏仁，攝于美國加州。

民國 76 年（1987 年）1 月 7 日，吳大猷與楊振寧（右）及閻愛德攝於香港中文大學。

民國 67 年（1978 年）9 月 5 日，物理界同仁爲吳大猷在自由之家祝壽，送石座者爲王唯農、張桐生二人。

民國 80 年（1991 年）5 月 3 日，「海外中國物理學者聯會」代表張義鵬教授贈予吳大猷紀念牌。

民國 76 年（1987 年）9 月 29 日，閻振興、蔣彥士爲吳大猷八十整壽。有蔣緯國、李煥、楊亮功、汪道淵、毛子水、蔣復璁、李幹、陳雪屏、阮毅成、郭驥、韓宗漢、毛高文、李崇道、陳履安、徐賢修等人參加。照片中之圖，乃爲范曾所繪，南開大學校長母國光先生所贈。

民國 76 年（1987 年）11 月吳大猷與家人，合影于香港。

民國 80 年（ 1991 年 ）5 月 2 日吳大猷（ 中坐者 ），與李政道（ 左一 ）吳賢銘夫人（ 左二 ）、吳賢銘（ 左四 ）、政道次子（ 右一 ），合影于吳家。

民國 80 年（ 1991 年 ）5 月 2 日，于吳賢銘院士家中，站立者左為楊振寧、吳賢銘、吳大猷。